JN060466

Illustrated Japanese OBASAN

イラストレイテッド

日本のおばさん

目次

はじめに

突然だがここで、あなたの「おばさん度」をチェックしてみよう。当てはまる項目をチェックしてみて欲しい。

① 朝起きてまず思うことは「疲れた」だ。 □
② 嵐以降のデビュー組で、全員の名前を言えるジャニーズのグループがない。 □
③ パーキングエリアの女子トイレが混雑していたら、迷わず男子トイレに行く。 □
④ ショート&パーマヘアである。 □
⑤ 最近、ヒゲが生えてきた。 □
⑥ 新幹線で隣の席の人にミカン（または飴）を渡したことがある。 □
⑦ 眞子さま・小室さんの行く末について、友人と熱く語り合ったことがある。 □

⑧　今、手首に輪ゴムを巻いている。――――――□
⑨　近所のスーパーに行く時は化粧をしない。――――□
⑩　最近、涙もろくなった。――――――――――□

以上。該当する項目が2つ以下であれば「まだまだお姉さん」、3つから5つが「初期のおばさん」、5つから8つが「普通のおばさん」、9つ以上が「立派なおばさん」である。

……というのはもちろん冗談だ。こんな適当な10項目で判断できるなら、誰も苦労はしない。ならばおばさんとは、一体どのような女性か？

資料をあたってみると『オバサンの経済学』（中島隆信・著）によれば、（女性がおばさんになるかどうかはその女性自身の決断による、とした上で）一般的に更年期障害が始まる45歳から65歳までの女性を「おばさん」と定義してある。また、『放送研究と調査』２０１７年12月号の「日本語のゆれに関する調査」では、おばさんの想定年齢は「44歳7カ月から60歳3カ月」という結果が出ている。まぁ「……でしょうね」という感じだが、地味に疑問が残る（じゃあ、石田ゆり子は？吉永小百合はどうなんだ⁉）。やはり、人を年齢でくるというのはどうもねえ。

そこで本書では、次にあげる2項目の一つでも満たしている女性を「おばさん」と定義することにした。その2項目とは、

① おばさんっぽい行動をする人

② 外見がお姉さんでもお婆さんでもない人

①は「概念としてのおばさん」。狭い道で広がって歩いたり、噂話を好んだり、行列に横入りしたり。そういう「いかにもおばさんがやりそう」な行動を取る人は、女子高生であろうがPTA会長であろうがみんないっしょくたに「おばさん」。一方、②は「実体としてのおばさん」。要するに「人は見た目が10割」。そして、①と②の特性を色濃く満たしている人は「立派なおばさん」で、両方満たしていない美人女優はアラフィフでも「おばさんじゃない」……などと、無い知恵を絞ってみたが、いかがだろう?

そしてこの独自の選考基準で選ばれた市井のおばさんを、筆者の微妙なタッチのイラストでスケッチ&記録したのが本書、というわけだ。現代日本を生きる多種多様なおばさん達の「リアル」に肉迫した快心作である（は？　別に肉薄したくねぇし。という方は、そろそろ本を閉じた方が良

いかもしれません)。

それにしても。我々の社会は実におばさんに冷たい。女性誌では「こんなファッションはおばさんっぽいからNG」といったコーナーをよく見かけるし、最近よく耳にする「BBA」という隠語はすなわち「ババア」の略であるが、当然のことながらそこに敬意はみじんも感じられない。若干褒め言葉っぽく聞こえる「美魔女」ですら、魔女が人間でないことを鑑みれば、努力して若さにしがみつく女性をさりげなく揶揄する言葉のようにも聞こえる。つまり現代の日本社会において「おばさん化=悪」であり、おばさん化を後ろ倒しする努力こそが「善」。そして「おばさん=終わった人」というのが、多くの人にとっての共通認識なわけである。

しかし……。今回おばさんのイラストを描くにあたり、数年をかけて、コンサート会場や劇場、カルチャーセンターなど、様々な場所へ足を運んでみたが、どこも実にたくさんのおばさん達で溢れていた。友達と連れ立って歩き、ほがらかに笑うその姿は、マウンティングに余念の無い若い女性達や、猫背でスマホゲームに興じる青年達よりも、よほどエネルギッシュで充実しているように見えたわけで。

聞くところによると哺乳類のメスは普通、閉経と同時に寿命が尽きるが、例外的にヒトのメスだけは長生きをするらしい。さらになんと「閉経により命がけの出産のリスクから解放されたヒトのメスが後世に知識や技術を伝えたことで、人類だけが『文化』をもつことができた」という説まであるそうな。

　つまり、若い女性が「ああはなりたくない」と願い、多くの男性が「ＢＢＡ」と揶揄するおばさん達こそが、実は「人類の運命を握る凄い存在」かもしれないのだ。

　この本の中には、そんなおばさん達の姿が山ほど収録されている。ぜひ心して、正座して読んでいただきたい。嘘だ。気楽に楽しんでいただければ幸いです。

1●おばさん的ファッション

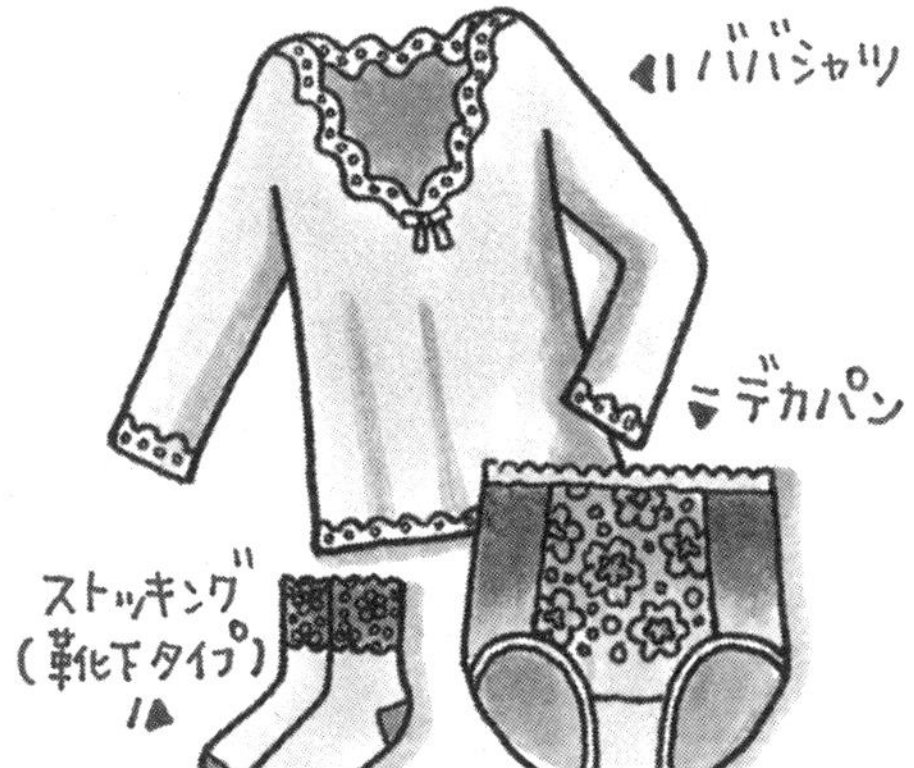

ババシャツ
デカパン
ストッキング
(靴下タイプ)

～おばさんの下着類～

ヘアスタイルは女の自己主張

ここでは、街で見かけた「スルーできない髪形」のおばさんをピックアップした。「髪は女の命」と言われるが、確かに髪形には、その人の性格や主義、人生模様までもが如実に反映される。百花繚乱の「おばさんヘアカタログ」、とくとご覧あれ。

【リーゼント①】

よっ、ツッパリ番長！
（9月。新宿線内）

【ソバージュ】

20世紀の人。
（8月。井の頭線内）

【パンチパーマ】

女版・パンチ佐藤。
（7月。明大前）

【お団子】

お団子をスカーフで包む。
（9月。渋谷）

【キムタク①】

ちょ 待てよ。
（8月。笹塚）

【板前】

ドライヤーいらず。
（9月。新宿）

【ザビエル】

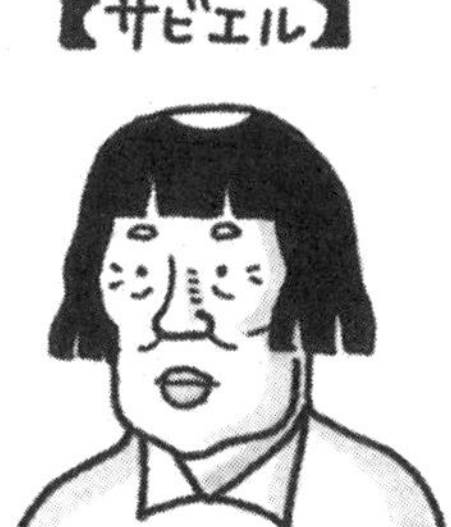

見すぎると夢に出てきそう。
（8月。日本橋）

【三角巾】

生活に疲れました。
（8月。方南町）

【ウルフカット】

もみあげ長し。
（9月。青山）

【ピン留め王】

少しの遅れ毛も許さない。
(11月。永福町)

【カチューシャ①】

うわ…かわいくない。
(10月。渋谷)

【ワンポイント】

小さ目のピンがキラリ。
(11月。下北沢)

【剛毛】

風が吹いてもビクともしない。
(11月。表参道)

【カチューシャ②】

やっぱりかわいくない。
(8月。明大前)

【純和風】

でもジーンズはいてた。
(9月。初台)

【ライオン丸】

すごい威圧感。
(10月。神泉)

【ドレッド】

カッコいいかも。
(11月。下高井戸)

【王道パーマ】

これぞおばさん!
(9月。浜田山)

【ツヤツヤストレート】

美人度3割増し。
（9月。初台）

【山田洋次】

あえて染めない派。
（11月。下高井戸）

【セレブ】

前髪、立ちまくり。
（10月。新宿）

【小森のおばちゃま】

本人かと思った…。
（10月。巣鴨）

【モンチッチ】

ザ・昭和。
（10月。新宿）

【ポニーテールとシュシュ】

髪形だけ乙女。
（7月。池袋）

【ボサボサ】

スマホゲームに夢中。
（10月。西新宿）

【リーゼント②】

ロックンロール。
（8月。巣鴨）

【メッシュ】

海原雄山か。
（10月。渋谷）

【ヘアバンド】

毛量ハンパない。
（10月。箱根）

【デカ・クリップ】

違和感がすごい。
（5月。渋谷）

【白髪ロング】

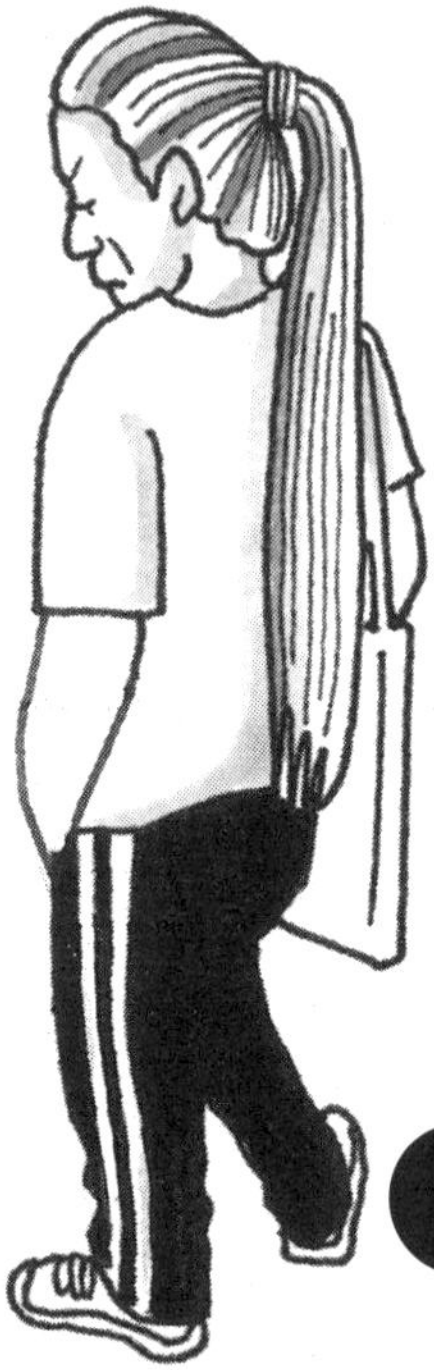

ポニーテールの最終形態。
（6月。中野）

【雨の日の天パ】

でも、笑顔がかわいい。
（7月。永福町）

【ハーフアップ】

結ぶというより「縛る」。
（3月。横浜）

【紫】

老いた「クリィミーマミ」。
（4月。横浜）

【赤】

思い切ったな。
（5月。銀座）

【トサカ】

フグ田サザエ60歳。
（7月。新宿）

【ジャッキー・チェン】
ボリューム満点。
（4月。下高井戸）
【キムタク②】
『HERO』初期。
（10月。六本木）
【マッシュルーム】
コシノジュンコリスペクト。
（7月。青山）
【編み込み】
手間暇、かけてます。
（5月。高井戸）
【お団子】
ほのかに香る椿油。
（3月。井の頭線内）
【寝癖】
爆睡中。
（5月。大江戸線内）
【極太三つ編み】
もはや「縄」。
（8月。中野）
【横分け】
年季、入ってます。
（7月。下高井戸）
【ターバン】
トラ柄がワイルド。
（8月。京浜東北線内）

制服姿がキマってるおばさん

仕事やボランティアなど、様々なシーンで制服を着こなすおばさんを集めた。余談だが制服を着ると、着ない状態の約2割増しでその人物がカッコよく見える気がするのはなぜか。お揃いの服装が、組織への忠誠心や仕事への使命感を想起させるからだろうか？

試食販売員
はい、食べてって
255円
(275円)
独特の重ね着スタイル。（10月。桜上水）

デパート
"デキる女"風。(8月。日本橋)
学童擁護員
蛍光色のベストがまぶしい。(9月。永福町)
東京ガス
ピンク色の上着がキュート。(5月。方南町)
ヤクルト販売員
トリコロールカラーの上着がオシャレ。(9月。銀座)
ガソリンスタンド
金髪
どことなく工藤静香。(7月。春日部)

交通誘導係
勇ましい。(9月。明大前)
銀行員
知的な雰囲気。(8月。下高井戸)
東京メトロ
丸っこい帽子がオシャレ。(8月。六本木)
宅配便ドライバー
日焼けした腕が頼もしい。(7月。新宿)

スーパーマーケット
三角巾でキリッと。
(8月。永福町)

中華料理店
ツメ襟がかわいい。
(11月。二子玉川)

和菓子店
よっ、看板娘！
(9月。巣鴨)
塩大福は新米になりました
豆もち
すあま

駅の清掃員
水色のシャツが爽やか。
(7月。下高井戸)

ボーイスカウト引率
ショートパンツで快活に…。
(8月。富士吉田)

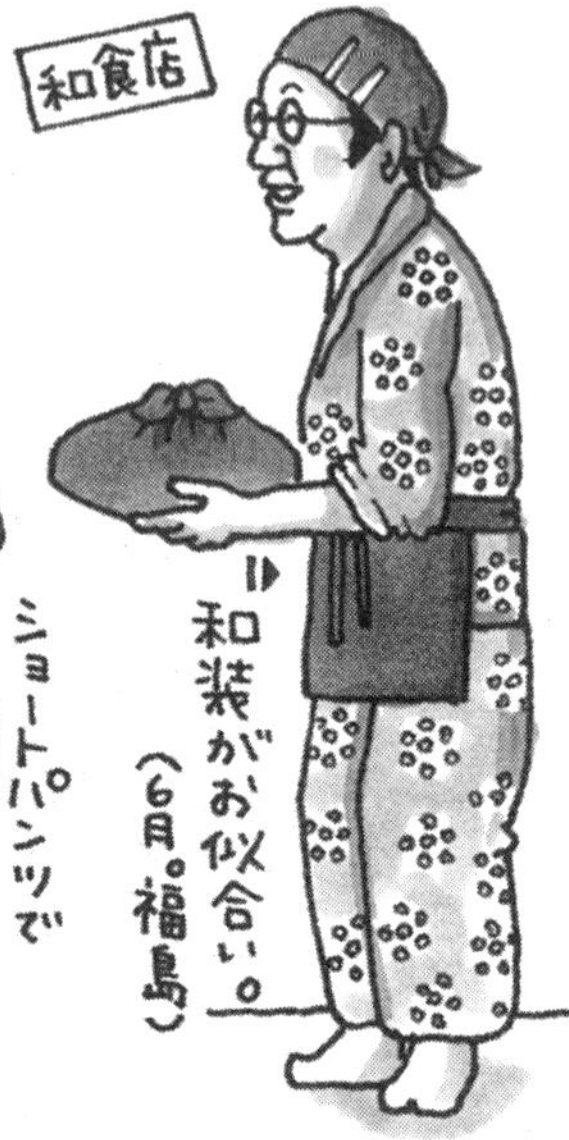
和食店
和装がお似合い。
(6月。福島)

京王線案内係
ちょっとエレベーターガール的。
(4月。新宿駅)

薬局
試供品入れておきますね
ピッ
リケジョの白衣、まぶしい。
(7月。永福町)

郵便配達員
ロングヘアでセクシーにキメる。（3月。横浜）
コンビニエンスストア
よろしゅうございますか
あたためますか
原色をサラリと着こなしている。（1月。西永福）
23
駐車場出庫係
リボンタイが粋。（7月。六本木）
駐車場誘導係
手袋帽子笛。小物も充実。（6月。中野）

警察
安定感抜群。（12月。西永福）

祭り
ねじり鉢巻きを合わせてクールに。（9月。下高井戸）
江戸
江戸龍

マクドナルド

▲
若者と同じ制服。
哀愁を感じる。（11月。六本木）

ウェイトレス
メイド服っぽいけど天ぷら店。（12月。渋谷）

冬服はさらにピエロ感UP。
（12月。渋谷）

以前のデザインよりはマシだが…。
（8月。新宿）

お揃いのベストと帽子で、出陣！
（10月。下高井戸）

26

おばさんのサングラスはけっこうヤバい

ここではサングラスをかけたおばさんに着目した。通年で紫外線対策が必要な昨今。おばさんにとっても、サングラスは外出時の必須アイテムだ。しかし、ただでさえ貫禄のあるおばさんがサングラスをかけると、もはや「マフィアのボス」以外の何物でもない……。

スペアのサングラスが
首元にスタンバイ。（8月。六本木）

電車内でも
サングラス着用。怖い。
(7月。井の頭線内)
多分きっと、
バブル世代。
(7月。銀座)
映画『メン・イン・ブラック』の
一員?(6月。永福町)
スクエア形の
サングラスが
オシャレ。
(7月。渋谷)
姉御っぽい雰囲気。
(8月。六本木)

ターミネーターばりのコワモテ。
（7月。有楽町線内）
故・大杉蓮似。
（10月。箱根）
地下街で浮いていた
リゾート風おばさん。
（7月。新宿）
マスク併用で
怪しさ倍増。
（8月。中野）
大門刑事風
ティアドロップ。
（4月。六本木）

デパートにて。
洋服の色が
見えないのでは？
（7月。渋谷）
サングラス売り場で迷い中。
（8月。新宿）
紫外線対策はバッチリ。
（8月。下高井戸）
全身黒。
クール。
（8月。六本木）
マフィアの
ボスっぽい
雰囲気。
（5月。銀座）

30

スカーフは定番のおしゃれ

秋冬ファッションに華を添えるスカーフ。ここでは、街で見かけた様々な巻き方のスカーフおばさんをご紹介したい。近年、若い女性を中心にブームが再燃したスカーフだが、おばさんの手にかかるとアラ不思議、がぜん濃厚な昭和臭を放ち始めるのだった……。

【オーソドックス】（11月。下高井戸）

【リボン結び】
(11月。新宿)
【クロス】
(12月。新宿)
【フサフサ巻き】
(11月。池袋)
【チラ見せ】
(1月。渋谷)
【肩掛け】
(3月。新大阪)
【ぐるぐる巻き】
(2月。京王線内)
【ブローチと共に】
(3月。池袋)
【カウボーイ風】
(11月。六本木)
【仮面ライダー】
(2月。中野)

個性派のおばさんたち

人間は年齢と共に成熟し、落ち着いてゆくもの。しかし中には、歳を取ってもなおハデで、斬新な装いのおばさんも存在する。ということでそんな「個性派ファッションおばさん」をフィーチャーした。人生は意外と、ハジけたままでもOKみたいである。

シマウマ愛。(9月。永福町)
ご存知・原宿の
ラジカセおばさん。
全身カラフル。
(5月。原宿)
ザ・乙女。(9月。渋谷)
昆虫柄セーター。
ジャンボ尾崎か。
(6月。新宿)
頭に花。(4月。梅田)

年老いた
ピーターパン。
(6月。上野)
アクセサリー
デカッ。
(6月。下高井戸)
"永遠の少女"。
(5月。永福町)
上も下も
柄物。
(渋谷)
数年前の
「チャリTシャツ」。
外で着るかね。
(8月。永福町)

見る者を不安にさせる、
「中高年のダメージデニム」。
（4月。井の頭線）
「H&M」で
爆買い中。
（9月。二子玉川）
一定数存在する
「チャイナ服おばさん」。
（3月。井の頭線）
長身に
大柄の
ワンピースが
映える。
（4月。六本木）
ちょっと、
宜保愛子風。
（3月。両国）

おばさんと帽子

街で見かけた帽子姿のおばさんを、帽子の種類ごとに分類した。通年でもっとも目立つのは探検隊風の帽子を被ったおばさんで、春・夏は紫外線対策重視、秋・冬はオシャレ感重視の帽子おばさんが目立つ。四季を問わず、おばさんと帽子は切っても切れない関係だ。

探険隊

手ぬぐいが男らしい。
（7月。浜田山）

ひも付きだから安心！
（8月。中野）

首の後ろも紫外線をカット。
（8月。渋谷）

勉三さん眼鏡がクール。
（8月。新宿）

帽子クリップがかわいい。
（4月。下高井戸）

お友達と談笑中。
（3月。横浜）

水分補給もしっかりと。
（7月。井の頭線）

険しい顔で買い物中。
（8月。浜田山）

御利益のありそうな顔。
（4月。下高井戸）

女優

ちなみに、満員電車の中。
（8月。半蔵門線内）

お忍びの雰囲気。
（6月。渋谷）

リボン、デカッ！
（4月。六本木）

ベレー帽

漫画家！？
（2月。井の頭線）

とげぬき地蔵に祈り中。
（10月。巣鴨）

ドコモダケかと思った。
（3月。新宿）

個性派

高貴。
（8月。新宿）

HIPHOPなアラフィフ。
（8月。渋谷）

中折れ帽、似合う。
（4月。明大前）

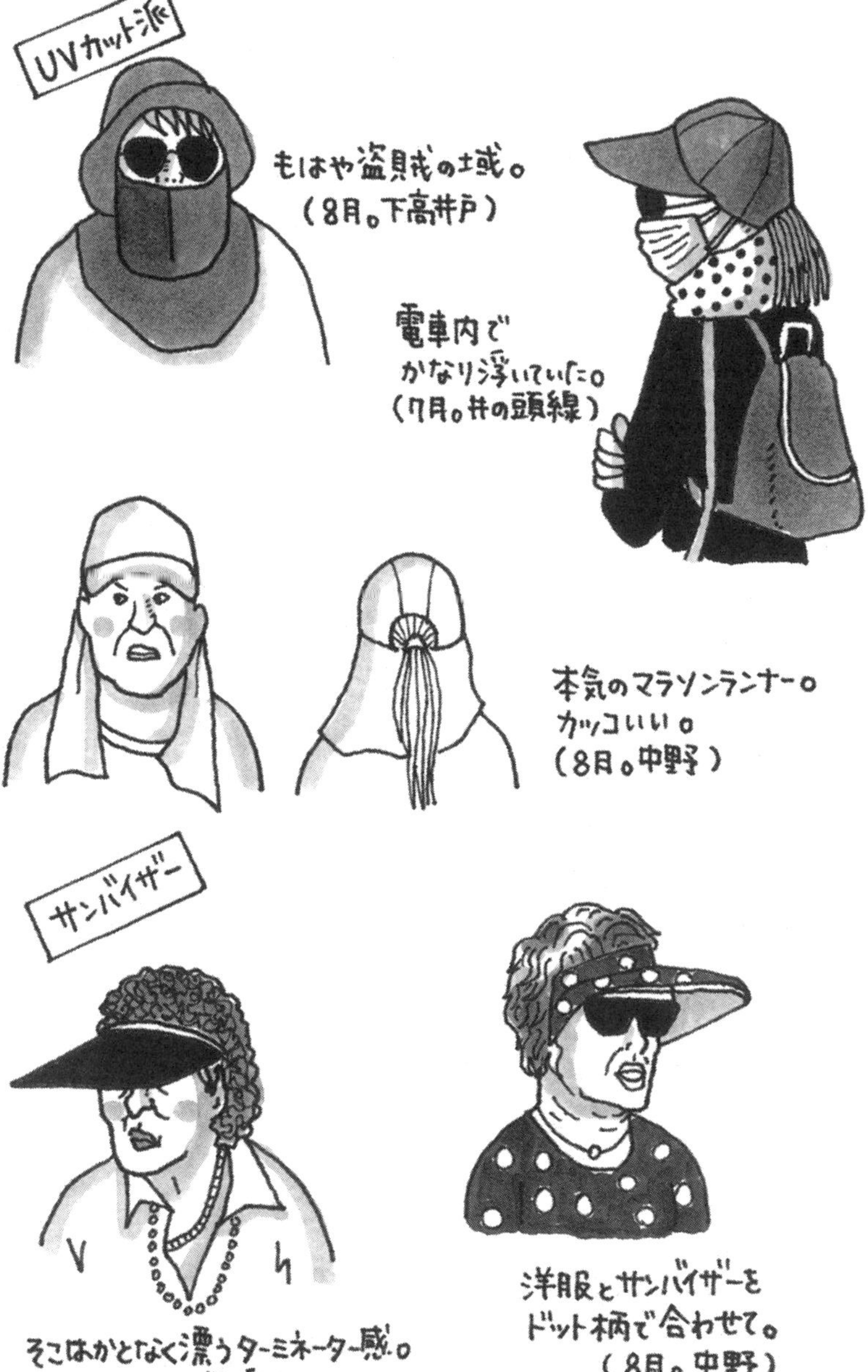
UVカット派
もはや盗賊の域。
（8月。下高井戸）
電車内で
かなり浮いていた。
（7月。井の頭線）
本気のマラソンランナー。
カッコいい。
（8月。中野）
サンバイザー
そこはかとなく漂うターミネーター感。
（10月。巣鴨）
洋服とサンバイザーを
ドット柄で合わせて。
（8月。中野）

雨の日のおばさん

様々なアイテムを駆使して悪天候を乗り切る、雨の日のおばさんのスタイルに着目した。……にしても。時は令和だというのに、カッパだの傘だのと、レイングッズは昭和からあまりにも進化していない。そのあたり、おばさんは一体どう思っているのだろう？

帽子だけで雨をしのぐ。(8月。永福町)

実写版『ドラえもん』?(9月。二子玉川)

湿気でハネる髪をヘアバンドで鎮圧。(8月。高井戸)

宇宙柄のレインコート。帽子はかぶらない。(7月。高井戸)

雨の日も背筋がピン!
(7月。永福町)

険しい顔で雨を眺める。
(8月。下高井戸)

しっかり畳んで電車を待つ。
(6月。渋谷)

「傘+帽子」で雨対策は万全。
(8月。渋谷)

巨大なアメーバのよう。◀（6月。明大前）

花柄の傘で、雨の日もご機嫌。▶（7月。初台）

雨の強さを確認しに出て来た喫茶店のママ。◀（8月。永福町）

夏のおばさん

ユルめの薄着ファッションで外をウロつく、夏のおばさんを集めた。彼女たちは基本的に身体を締めつけない服を好むので、ふとした瞬間に胸の谷間が見えたり、ブラの肩紐が見えたりとアクシデントも多い。多いが、見えても全然嬉しくないのが特徴である。

買い物帰りの逞しい二の腕。(7月。明大前)
無防備すぎるお散歩スタイル。(8月。中野)
ムームー着用で外出。迫力あります。(9月。世田谷線内)
視線を感じると、無意識に二の腕を隠す。(8月。用賀)
肩ひもがチラリ。全然見たくない…。(7月。永福町)

冬のおばさん

冬のおばさんは、大多数がロングコートにロングパンツ姿だ。色も黒や茶など地味めが多く、重ね着で気太りしがち。結果、「似たようなおばさんが大量発生」してしまうわけだが、日本の冬は寒い。おばさん臭いと言われても防寒が第一だ。だっておばさんなのだから。

◀ガウン風のコートがおしゃれ。（1月。渋谷）
▶"ザ・昭和"。（2月。新宿）
▲着ぶくれした二人。（12月。永田町）
◀『マルサの女』。（2月。池袋）
▶白いコートって金持ちっぽい。（12月。新宿）

若さへの未練

結構いい歳であるにも関わらず、若者のような装いで街を闊歩する、若作りおばさんに着目した。大抵の人が年齢と共に落ち着いて（枯れて）、地味な服装になってゆく中、いつまでもギャルっぽい服を選び、それを着続けるという強靭なメンタルは賞賛に価する。

娘と服を共有疑惑。(7月。明大前)
現役のアラフィフギャル。(8月。下高井戸)
膝上15センチの60代女子。(4月。銀座)
さすがに肩出しは止めた方が…。(9月。六本木)
おばさんのミニスカート。キツい。(10月。青山)

おばさんとマスク

花粉症やインフルエンザの季節になると、各所でマスク姿のおばさんが見られる。そんなマスクおばさんの中でも特に気になるのは、「口元だけ隠して鼻は外に出している人」。呼吸を楽にするためかもしれないが、マスクの効果が半減しそうで心配である（※コロナ騒動以前と以後）。

SF映画の主人公を思わせる、
花粉症おばさん。（4月。新宿）

（3月。新宿）
口元だけ隠して
鼻は外に出ている
"鼻マスクおばさん"。
（9月。高井戸）
（4月。池袋）
洗って縮んだ
"布マスクおばさん"。
（5月。中野）
クシュン
こちらは首まで
隠れるタイプ。
忍者か。
（9月。六本木）
マスクと眼鏡を
正しく装着。
これはこれで怪しい。
（5月。新宿）
マスクの上から
口元を押さえる。
グッドマナー大賞。
（4月。田園都市線）

花粉症に加えて
けがまで…。
辛そう。
（6月。永福町）
マフラーで
オシャレ感を
プラス。
（2月。新宿）
マスクの下は
多分、ノーメイク。
（4月。渋谷）
なんかもう、
いろいろ
中途半端。
（7月。
井の頭線内）
丸いマスク。
かわいい。
（6月。
半蔵門線内）

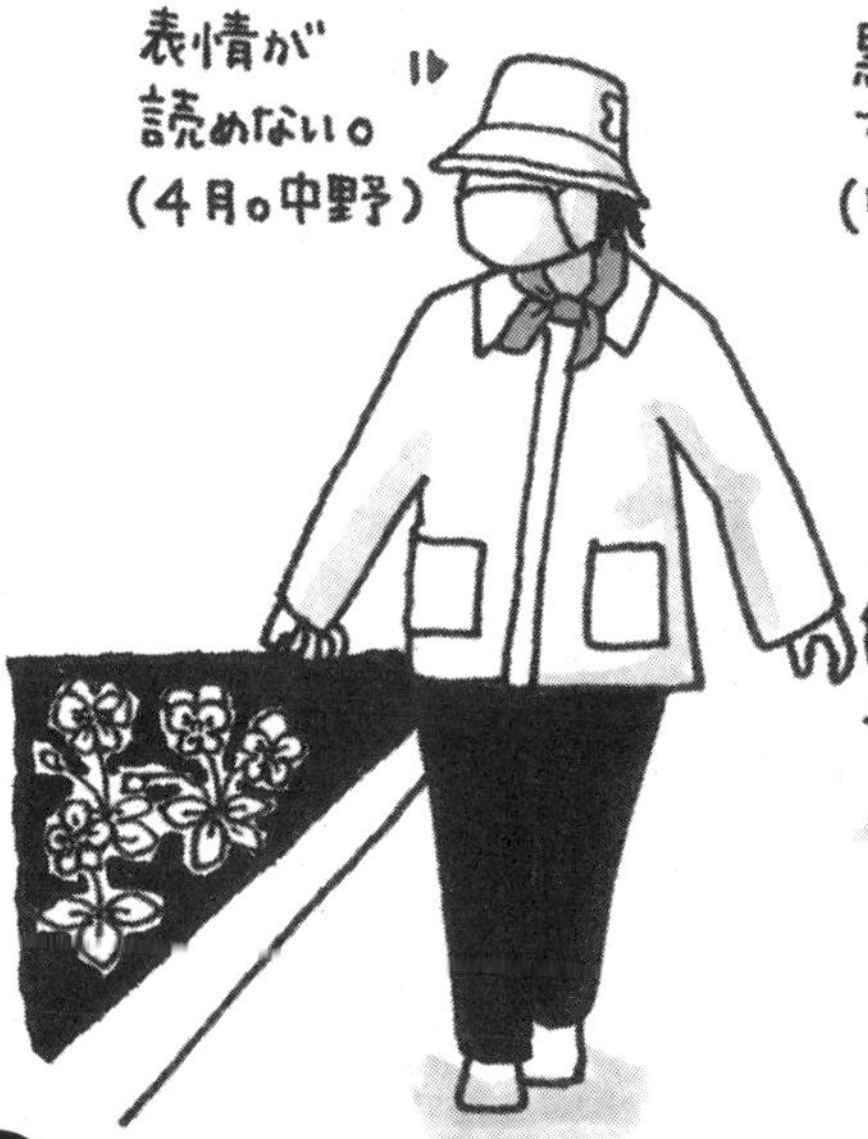
表情が
読めない。
(4月。中野)

黒いマスクって
ちょっと怖い。
(7月。下高井戸)

おしゃべりに
夢中で
マスクは用無し。
(2月。横浜)

緊急時には
タオルで代用。
(6月。永福町)

コロナ禍を彩る!!
マスクおばさん
完全防備
あー。その日は
トラックいっぱいですねー
ニトリの店員さん。未来人と話しているみたい。
(8月。用賀)
花柄
マスクもバッグもボトムスも花柄。乙女!(7月。西永福)
Gaful
バンダナ
スーパーで目撃。ハイジャック犯かと思った…。
(8月。松原)

ジョギング中

たいまつを持ったら
KKK。
（7月。下高井戸）

電車内①

見ているだけで暑い。
（8月。井の頭線）

和柄

浴衣のリメイクか？
渋い。（6月。下高井戸）

電車内②

眼帯＋眼鏡で、表情が一切読めない。（9月。井の頭線）

黒

黒マスク、おばさんにも浸透してきた。（6月。浜田山）

手作り

縫製が雑…。（7月。明大前）

ウォーキング中
養蜂家かと思った。
（7月。下高井戸）
テニス中
帝国の逆襲？
（9月。浜田山）
シュー
刺しゅう
ワンポイントがオシャレ。
（6月。西永福）
肌色
一瞬、鼻から下が
のっぺらぼうに見えた。
（9月。渋谷）

横ジマルックのおばさん

ここでは、ボーダー柄の服を着たおばさんに着目した。なお、皆、大しておしゃれに見えないところから察するに、「根っからのボーダー柄好き」というよりは「無地の服は寂しいからなんとなく着た」だけと思われる。肩に力の入ってない感じが好印象だ。

息子の服？（8月。下高井戸）
花柄のバッグがうるさい。（7月。浜田山）
キャップを合わせて軽快に。（6月。上野）
ボーダー、湾曲気味。（7月。新宿）
お散歩中。（8月。中野）

おばさんは花柄がお好き!?

いつの世にも存在する『花柄ファッションのおばさん』を集めた。シンプルな花柄ならまだしも、色鮮やかで大きな花柄をおばさんが身につけていると、やはり少しギョッとする。でもそれも、綺麗に見られたいという女心のなせる業。ここはお咎めなしの方向で。

小さい花柄は
主張が少な目。
（7月。渋谷）
スカートにも
花の刺しゅうが。
（8月。中野）
花柄を
キリッと
着こなす。
（7月。新宿）
花柄スカートに
短めストッキング…。
（8月。明大前）
こちらも同様のコーデ。
（8月。井の頭線）

チェック柄はどうよ

チェック柄の服を、大人がおしゃれに着こなすのは難しい。気を抜くとすぐに部屋着風、登山家風、秋葉原風になってしまうからだ。ここで取り上げたおばさんたちも、例に漏れずオシャレ感はゼロ。しかし誰もそんなこと、気にも留めていない感じが清々しい。

登山家風。
（7月。下高井戸）
上下チェック。AKB48か。
（8月。青山）
秋葉原風。
（10月。新宿）
部屋着風。
（9月。新宿）
チェックのシャツに花柄のストール。うーん…。
（7月。井の頭線内）

64

婦人の勝負服はなんたってキモノ

ここでは、街で見かけた着物姿のおばさんを集めた。我々の社会はどうしても若さを礼賛しがちだが、キリリと着物を着こなして歩いているおばさんを見ると、「年齢に見合った美しさ」というものがあると実感させられる。スマホを操る姿も、実に風流だ。

夏モチーフの帯の粋。（8月の銀座）

ちょっと脚を広げすぎ？
（7月。有楽町線）
猛暑でも、見た目は涼し気。
（8月。銀座）
すごい安定感。
（3月。両国）
〝スマホと着物〟。風情がある。（5月。六本木）
キリッ
冗談とか言えない雰囲気。
（6月。青山）
江戸っ子。（7月。月島）

オジサン化したおばさん

街で見かけたオジサンっぽいおばさんに着目した。個人差はあるが、歳をとると、おばさんはオジサンっぽく、おじさんはオバサンっぽくなってゆくように見える（外見も態度も）。女性の場合は、身なりに構わなくなるのがオジサン化への第一歩。気をつけたい。

スーツにスニーカーで通勤。
(10月。初台)
おじさんぽいけど、レースの帽子。
(10月。下高井戸)
眉毛がりりしい。
(8月。渋谷)
西洋人にも、男らしいおばさんはいる。
(8月。富士吉田)
作務衣だけど口紅は赤。
(8月。六本木)

おばさんは喪服が似合う

ここでは、喪服姿のおばさんを集めた。言うまでもないが通夜や葬式は、突然開催される。それでも多くのおばさんは、きちんとした服装で落ち着いた様子で登場する。自分が慌ててしまう性分なので、おばさんたちの安定感は尊敬に価する。見習いたい。

◀沈痛な面持ちでメールを打つ。(8月。南武線)

▲駅のホームで香典返しの中身を確認。(6月。下高井戸)

▲厳かな雰囲気。(8月。井の頭線)

▲祖母の葬儀にて。故人の顔を触りまくっていたおばさんが。
…やめて。(7月。福島)

美容師さん
直撃インタビュー

コ ラ ム

なぜおばさんにはパーマ&ショートヘアの人が多いのか?

――なぜおばさんにはパーマ＆ショートヘアの人が多いのか？　その謎を探るべく、青山・表参道の美容室 ACQUA 総店長・熊谷安史さんにお話を伺った。

まず、ショートヘアにする年配の女性が多い理由は、『ウエートポイント』にあります。ウエートポイントとは『髪形の中で重さを感じる部分』のこと。ショートだと上に、ロングヘアだと下に来ます（※図１参照）。このウエートポイントを高い位置に持ってくることで、目尻や口角が実際よりも上がって見え、女性を若々しく見せる効果があります。

※図１『ウエートポイント』

次に、パーマヘアの方が多い理由。これはまず『サザエさん』の『波平さん』を思い浮かべてください。薄毛の方の多くは、波平さんのように耳回りや襟足の部分はフサフサなのに、頭頂部が薄いですよね。なぜかというと、髪の毛は血液

から栄養を吸収して成長しますが、頭の鉢部分より上は動脈や静脈などの太い血管がないため、毛細血管から栄養を取っています。そこに加齢によるダメージ（血管が細くなる・切れる・血液をくみ上げる力が弱まる）が加わると、髪に栄養が十分に届かなくなり、薄毛が引き起こされるためです。さらに女性ホルモンの分泌の減少や、髪の毛を作る毛母細胞の老化、ストレスや体質も薄毛の原因になります。また、重力で頭皮が下がるので、毛穴の形が変わって髪にうねりが生まれ、クセが出やすくなったり（パスタ麺を作る機械を思い浮かべてください）、分け目が割れて地肌が露出してしまったりもする。そこで上方向にボリュームを出すため、パーマをかけたりウィッグを利用する女性が多いのです。

もちろん年齢を重ねてもロングヘアを綺麗にキープしている方もいます。美しいロングは時に女性を10歳若く見せもする。しかしロングには、パサつき・うねり・乾燥・ごわつきは大敵。髪の毛は繊細で、紫外線・静電気・水道水・ドライヤー・空気・埃など様々な原因で痛むため、手間がかかる。そのため、手軽に艶や華やかさを出せるショート&パーマヘアを選ぶ女性が多いのです。

——……よく分かりました（涙）。では髪の毛の老化を少しでも緩やかにする方法は無いのでしょうか？

まずは頭皮の環境を整えること。洗髪をして清潔を保ちましょう。また頭皮は、足の裏と同じ位雑菌が繁殖しやすいので、洗髪後はしっかりとドライヤーで乾かしてください。洗髪時にはシャンプーブラシ（※図２）の使用がお勧めです。

汚れがよく落ちますし、頭皮を刺激することで血行が促進され、地肌が厚くなります。頭皮を土、髪の毛を植物に例えれば、厚く栄養の行き渡っている土壌の方が良い植物が育ちますよね？　また、炭酸シャンプーも効果的です。炭酸ガス（二酸化炭素）入りのシャンプーを付着させることで、頭皮が酸素を欲して血流が良くなるし、皮脂も分解されて毛穴が綺麗になります。

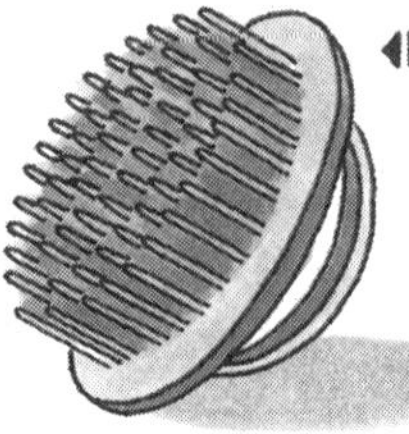

——では、髪を美しく魅せるにはどうすれば良いでしょう？

一番は『髪質を活かすこと』。クセ毛だからといって一生、縮毛矯正をし続ける必要はありません。生まれ持った髪質が、一番綺麗に見える長さ・髪形を作ってくれる美容師さんを探せば良いのです。良い美容師さんとは、髪を切った後に『その髪形、良いね』と周りに褒められるようなスタイルを作ってくれる人や、気持ちが前向きになる提案をしてくれる人のこと。相性も大事です。

——（深く頷く）。では次項からは、長年抱いてきたヘアケアまわりの素朴な疑問をぶつけさせてください！
おばさんはなぜ髪を紫や黄色のメッシュに染めるの？

これは都市伝説ですが、白髪染め剤が現在ほど発達していなかった頃、ある美容師さんが『髪の毛を少し紫色に染めてから白髪染め剤を使用すると綺麗に染まる』と言い出したのが、美容師の間に口コミで広がるうちに、『白髪といえば紫！』が定石になったからだとか（笑）（でも、最近のカラーリングやヘアマニキュアはかなりバリエーションがあるので、幅広いカラーを楽しんでいただけるようになりました）。また黄色のメッシュには、華やかさを演出するアクセサリーのような効果があります。白髪をカモフラージュするのにも適した色です。

——美容師さんはなぜ、オシャレな人が多いの？

世の中の流行は、実は一部の人達によって作られています。彼らが数年前に提示したテーマに沿ってブランドのコレクションが展開され、そのトレンドが、半年や１年など時間をかけて一般の市場に降りて来る。テーマは調べれば分かるので、そこを勉強しておけば、いざと言う時に裏付けを持ってお客様に『トレンドの髪形』を提案することができます。あとは雑誌やSNSをマメにチェックしたり、美術展に足を運んだり。アパレルの展示会にもよく呼ばれますね。展示会は大抵半年先のファッションを扱うので、それらに接していることも大きいです。

——ズバリ、髪に良い食べ物は？

長年、“髪の毛といえばワカメ”と言われてきましたが、それよりも重要なのがタンパク質です。肉や魚や乳製品、大豆食品のほか、プロテインの摂取も効果的です。でもまずは、バランスの良い食事が一番。そして心身の健康を整えること。睡眠もしっかりとれたら理想的ですね。

――若い頃からできるケアは？

お勧めはヘッドスパです。髪の毛には神経が通っておらず、栄養分の通り道はありますが、一旦生えてきた髪に毛根からは栄養を送れません。つまり毛根で作られた時より髪質が良くなることは無い。だから、将来の髪のために頭皮をケアする必要があります。自分へのご褒美としても、ぜひ取り入れてみてください。

――なるほど！　有益な情報を一度にたくさん聞きすぎて、軽く頭がハゲそうです。本日はありがとうございました!!

SHOP DATA
ACQUA omotesando
〒150-0001 東京都渋谷区神宮前 5-2-14 Gate square2F
TEL:03-3400-8585
平日 11:00 ～ 21:00　日・祝 10:00 ～ 18:00
土曜日 10:00 ～ 19:00 月曜日定休日 ※月曜祝日の場合、翌火曜定休
http://acqua.co.jp/omotesando

PROFILE
熊谷安史 Yasushi Kumagai
ACQUA 総店長。表参道コレクション、神戸コレクションのヘアメイクやディレクションも担当する実力派スタイリスト。的確なアドバイスに定評があり、大人女性からの支持も高い。日本全国のみならず、アジア圏への美容師向けの技術セミナーや、有名企業との商品開発も精力的に行なっている。

2●おばさんのいる風景

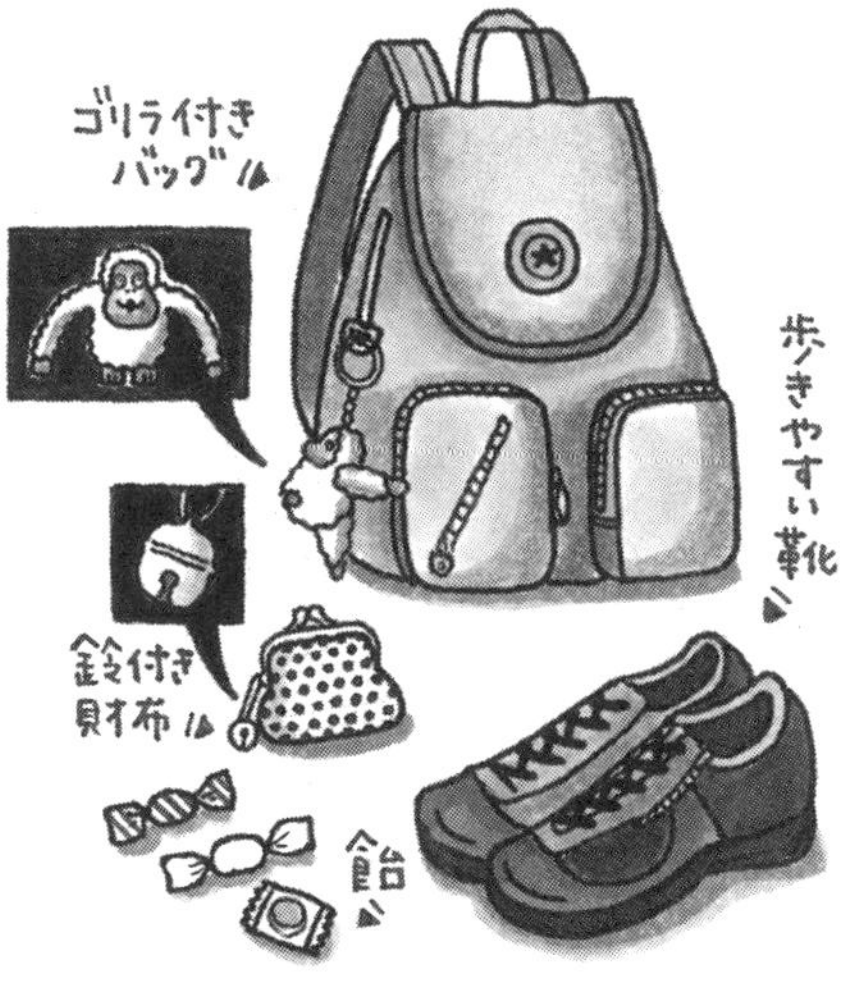
ゴリラ付きバッグ
歩きやすい靴
鈴付き財布
飴

〜外出時のアイテム〜

スーパーマーケットにて

ここでは、スーパーで買い物をするおばさんに着目した。段取りよく動く人、買い過ぎの人、悩んで棚の前から動かない人……と様々だが、家族のために長年スーパーに通い、生活雑貨や食料品を持ち帰り続ける行為は、愛情無くしてはできない重労働だ。偉い。

メモを見ながら
買い物。かわいい。
(8月。浜田山)

レジ横で現金を
数える。不用心。
(7月。中野)

買い過ぎ。(3月。横浜)

店の前で
チラシを確認。
(6月。中野)

慎重にアジフライを
取る。(6月。横浜)

もうそれ以上、載らないよ。(8月。浜田山)

持参のカートに
カゴを載せる。賢い。
(2月。横浜)

¥99
サングラスをズラして
商品をチェック。
(10月。下高井戸)

スーパーって寒いのにこの薄着。（9月。浜田山）

駐車券、ギリギリ届くか？（9月。桜上水）

妻の買い物に文句を言う夫。ウザい。（8月。浜田山）

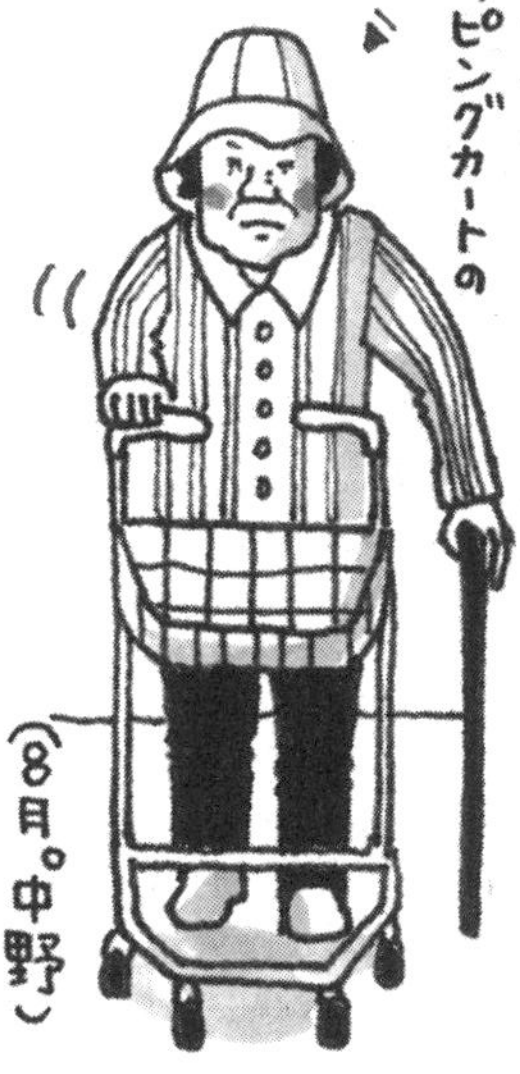

杖とショッピングカートの二刀流。（8月。中野）

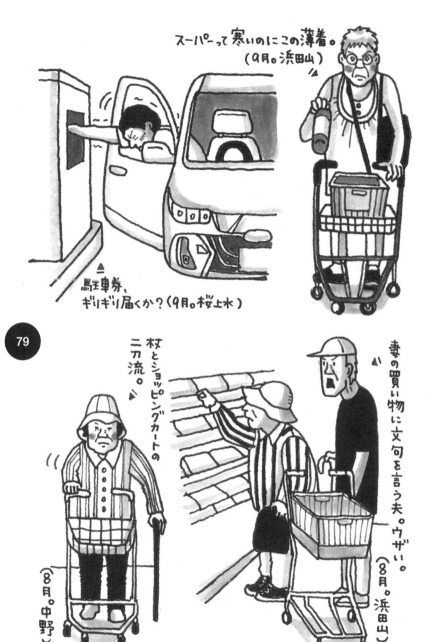

80 スマホを使いこなす(?)おばさん

ここでは、携帯電話を扱うおばさんに着目した。少し前までは「おばさん＝ガラケー」だったが、最近はもうほとんどのおばさんがスマホユーザーだ（しかも操作も早い）。しかし画面を覗くと、相変わらずフォントは超巨大だったりするのでホッコリする。

中高年の歩きスマホ。危険。
（4月。六本木）

パンツが見えそう。（5月。京王線）
鬼の行相。（5月。京王線）
ワワッ
PLAZA
カシャ
足がプルプル。（9月。六本木）
スマホ二刀流。（9月。半蔵門線）
老眼で、メールを打つのもひと苦労。（10月。丸の内線）

ガラケー派。（7月。渋谷）
ちゃんと聞こえているのか？（2月。横浜）
マスクを取ってペコペコ。（3月。横浜）
そうなの〜
エッ
私、今、電話した？
スーパーのベンチで長電話。（3月。横浜）
ありがち。（3月。横浜）

スマホでの作業に難航する二人。黙って待つ左端の人。（2月。横浜）

早打ちメールおばさん。（6月。井の頭線）

風呂上がりっぽいけど駅のホーム。（8月。新宿三丁目）

貫禄の体形

ここでは、貫禄のある体形のおばさんに着目した。しかし昔はきっと、彼女たちも華奢な乙女だった。これほどになるまでには、皆、さぞいろいろな目に遭ったのだろう。食べなきゃやってらんない、力をつけなきゃ乗り越えられない。体形は女の勲章なのである。

スーパー銭湯で
ゆで上がった。
(6月。高井戸)

弁当を吟味。
(10月。永福町)
カツ丼

小学校から
出て来た
おばさん。PTA?
(6月。永福町)

美術館
全景を
撮影中。
(6月。上野)

チュニックで、バスト・ウエスト・ヒップを覆い隠す。（5月。永福町）

…どこの部族？（6月。二子玉川）

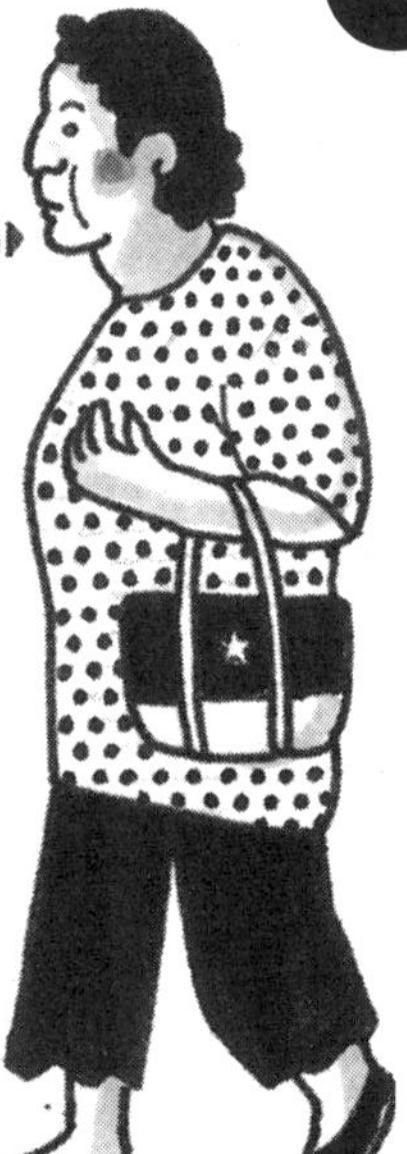

この方もチュニック着用。（6月。用賀）

同じ体形。姉妹か。（7月。渋谷）

カチューシャにレースのブラウス。乙女。
(4月。下高井戸)

険しい表情で
化粧をチェック。
(6月。上野)

広い背中がたくましい！
(6月。永田町)

何カップなんだろう？
(7月。新宿)

おばさんと子供

ここでは、子供と一緒にいるおばさんを集めた（孫も含む）。彼女たちを見ていると、女性は「○○ちゃんのおばちゃん（お婆ちゃん）」などと呼ばれているうちに、次第に、本当におばさんやお婆さんになっていくのだということが分かる。立場が人を作るのだ。

⇒エプロンがラブリーな保育士おばさん。
（8月。中野）

▲焦るばあば。（8月。横浜）

▲骨格が同じ。（6月。井の頭線）

▲DNAの神秘。（4月。半蔵門線）

▲髪形と眼鏡が同じ。（11月。下高井戸）

駅前で電車を眺める男児と
飽きている母。（7月。永福町）

自転車の練習に
付き合う母。
ほのぼの。
（4月。下高井戸）

3人をプールに
引率する母。
蚊に刺された？
（8月。高井戸）

花粉症で辛そうな母。（4月。渋谷）
険しい顔で坂を上る。（6月。中野）
孫とお出掛け。（7月。井の頭線）
電車内で息子と同じマンガを読む母。素敵。（8月。京浜東北線）

キャリーカートが手離せない

買い物時のマストアイテム・キャリーカートを引いたおばさんを集めた。ちなみに、キャリーカートを引いたおばさんが前を歩いていると大変歩きにくいが、まれに、キャリーカートを身体の横で引いているグッドマナーおばさんを見かける。心得ていると思う。

カートを身体の横で引くおばさん。偉い。
(6月。渋谷)

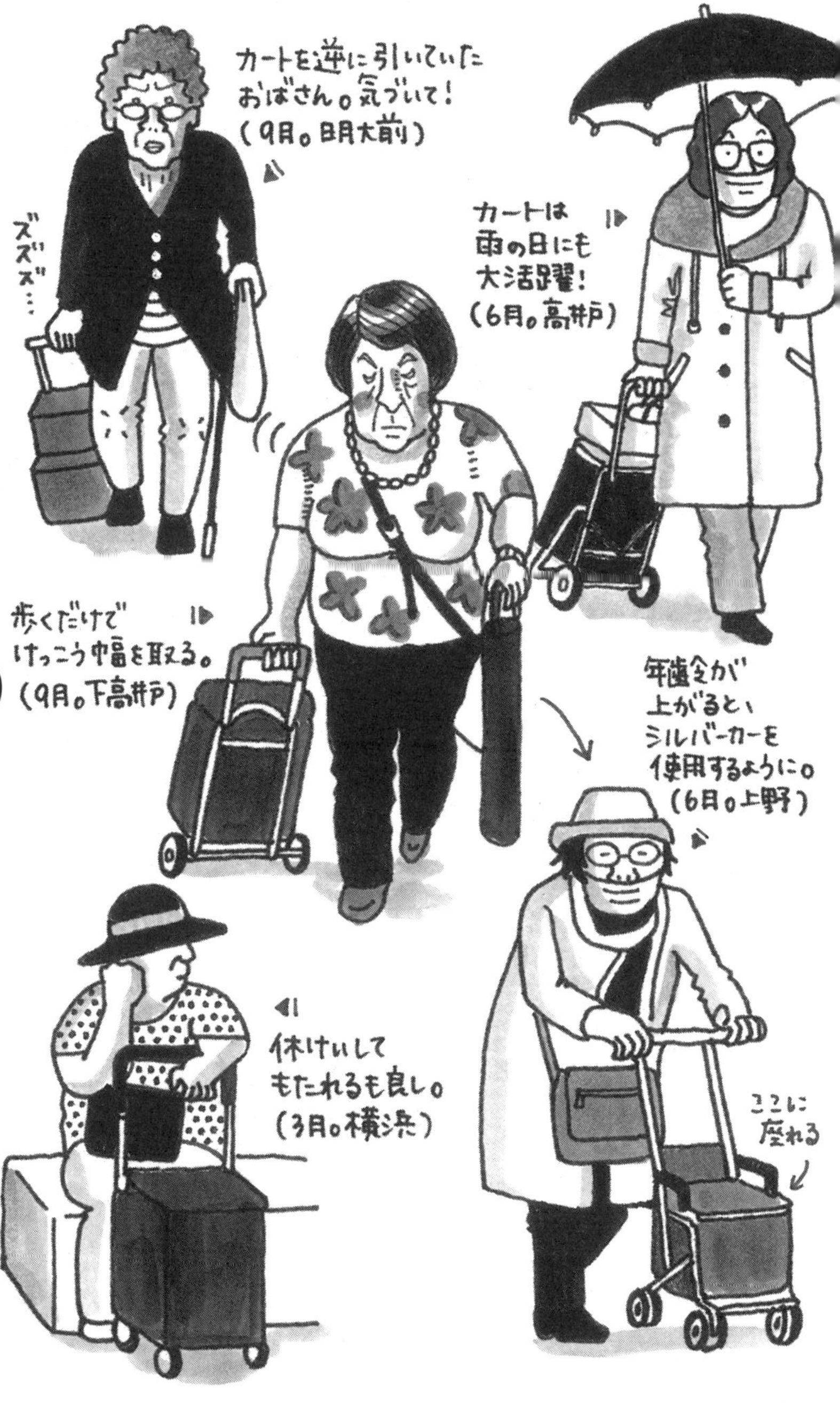
カートを逆に引いていた
おばさん。気づいて!
(9月。明大前)
ズズズ…
カートは
雨の日にも
大活躍!
(6月。高井戸)
歩くだけで
けっこう幅を取る。
(9月。下高井戸)
年齢が
上がると、
シルバーカーを
使用するように。
(6月。上野)
休けいして
もたれるも良し。
(3月。横浜)
ここに
座れる

93

なぜ荷物がそんなに多い？

ここでは、外出時にたくさんの荷物を持っているおばさんに着目した。重症の人になると、リュックサックにショルダーバッグ、トートバッグにエコバッグ、紙袋と、まさかの5つ超えを達成していたりするが、自分も荷物が多いので、人のことは言えない。

▶バッグ複数持ちで、改札もスムーズに。（11月。渋谷）

…夜逃げ？・（4月。新大阪）
床に荷物をたくさん置いて立ち読み。（8月。下高井戸）
デパートで大漁。（4月。新宿）
（8月。横浜）
商店街に多く出没。"両肩掛けおばさん"。
（6月。高井戸）

考える人

電車でスーパーで街角で。「考えるポーズ」をしているおばさんは多い。なぜ？疑問に思い、そんなおばさんたちの姿を集めた。集めながらふと気がつくと、自分もスーパーで同じポーズを取っていた。顔の周りに手があると、なんだか妙に落ち着くのである。

すごく困っているみたい。（6月。東京駅）

思索にふける。五木寛之似。（4月。井の頭線）

そのまま寝た。（5月。都営新宿線）

何か思い付いたもよう。（6月。半蔵門線）

住宅街にて

掃除をしたり、ゴミ捨て場を整理したり、友人と立ち話をする住宅街のおばさんを集めた。彼女たちはいつも何かに忙しそうだ。そしてその何かはしばしば「地域」とつながっている。ここがおじさんとの違いで、「地域密着」は老後を充実させる鍵でもあると思う。

朝6時から水まき。(8月。永福町)

雨が降りそう。素早く作業。（8月。浜田山）
黙々と路上を清掃。（8月。下高井戸）
すっぴん&部屋着で井戸端会議。（8月。永福町）
ゴミ捨て場を整理。（6月。永福町）
ポスティングのバイト中。（8月。方南町）
01
02
04

煙草を吸うおばさん

ここでは喫煙コーナーで紫煙をくゆらせる愛煙家のおばさんを集めた。若い女性が喫煙しているのを見ると妊娠・出産におけるリスクが心配になるが、アラフィフ超えのおばさんが鼻から煙を出しているのを見ると、むしろ妙に頼り甲斐ありげに見えるから不思議である。

▲神社の片隅で、一服。（12月。大宮八幡宮）

◀ 喫煙ブースの友情。(5月。東京駅)

タバコは、▶ 人生の句読点。(5月。新宿)

◀ スケバン風。(6月。友部)

◀ サーファー風。(8月。三郷)

チャリンコを駆るおばさん

ここでは、自転車に乗っているおばさんを集めた。電動アシスト自転車の普及により、スムーズな走行をしている自転車おばさんがほとんどであるが、中には、車道の真ん中に寄ったり、曲がり角を猛スピードで走ってくる人もいるので、すれ違う際は要注意だ。

保育園帰りの
お母さん。
こちらも速い。
(4月。西永福)

防犯
パトロール
道端でちょこっとおしゃべり。
(5月。永福町)

"サーカスの熊"
を思わせる。
(7月。中野)

ヘルメット着用。
偉い。
(3月。下高井戸)

"砂漠の民"。（6月。西永福）

前のカゴに犬。ほっこり。（7月。方南町）

右肩に大きなバッグ。バランス悪し。（6月。高井戸）

信号待ちのたくましい背中。（12月。西永福）

前後に大量の
買い物袋。
転ばないでね。
(7月。永福町)

ダース・ベイダー的。
(6月。用賀)
スリム!
(8月。六本木)

おばさんが食べる時

レストランやパーキングエリア、病院など、様々な場所で食事をしているおばさんを集めた。おばさんは基本、一人で食事をしている時は静かだが、友達と集まると途端に女学生のように騒がしくなる。かく言う自分もそうである。反省。

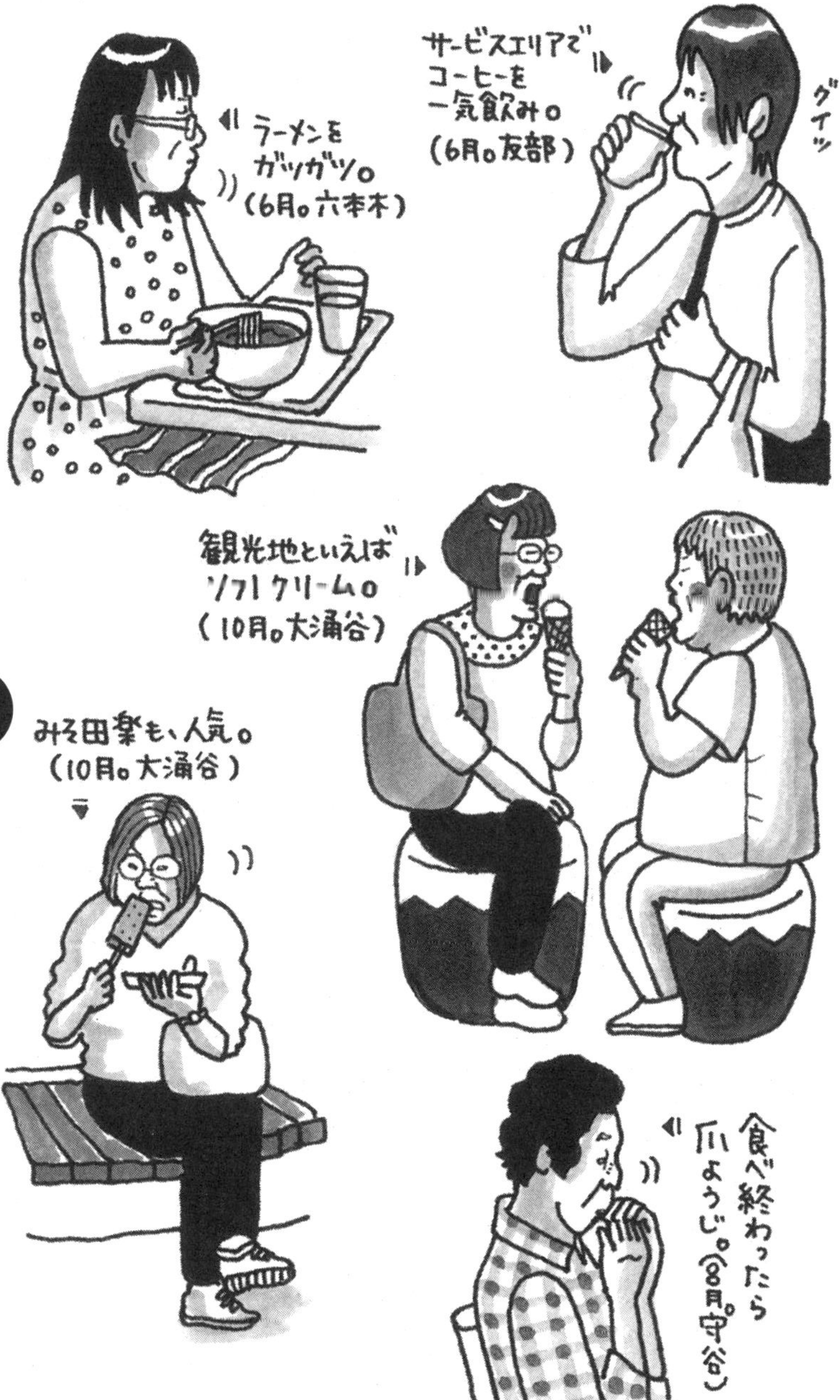
ラーメンをガツガツ。(6月。六本木)
サービスエリアでコーヒーを一気飲み。(6月。友部)
グイッ
観光地といえばソフトクリーム。(10月。大涌谷)
みそ田楽も、人気。(10月。大涌谷)
食べ終わったら爪ようじ。(8月。守谷)

肘をつき音を立ててパスタを食す。(9月。馬喰町)

ビュッフェ。盛り過ぎ。(10月。二子玉川)

病院の待合室でプリン。真剣。(7月。表参道)

コンビニでひとり飯。わびしい。(5月。下高井戸)

車窓を眺めつつ、弁当を食べる。（4月。JR特急ときわ内）

ジュースの中の氷をガリガリ。（9月。恵比寿）

目を閉じて堪能。（10月。新宿）

小田急百貨店前の広場で、おにぎりを食べていた二人。自由。（4月。新宿）

現地レポート

コラム

大阪のおばちゃん

“おばさん界のラスボス”こと、大阪のおばちゃんの実態に迫るべく現地に飛んだ。通天閣やフグ提灯の看板で有名な下町・新世界の人々が語る、大阪のおばちゃんの素顔とは⁉

【串カツ店・呼び込みの男性（30代）の話】

――大阪のおばちゃんがオレオレ詐欺に引っかからないのはなぜ？

いやぁ、大阪の人も詐欺には遭うよ。でも基本的に『負けて』の文化だからね。「3万円振り込め」って言われたら「2万7千円にならんの⁉」って言い返すから。それが大きいかな？

――なるほど。では、大阪のおばちゃんの特徴とは？

暖かい人が多いね。あとはやっぱり『あめちゃん』。あめを配ることによって『薄く軽い交流』ができるでしょ？　誰に対しても暖かくて、開かれているところが特徴かな。でも金が絡むときっちり線を引く。やっぱりそこは商売の街だからね。

【観光客用案内所勤務の男性の話（40代）】

――大阪のおばちゃんをひと言でいうと？

リアリスト。大阪のおばちゃんは正直者です。例えば八百屋さんで売られている野菜が向こうのお店よりも高かったら、東京の人は黙って向こうで買いますよね。でも大阪のおばちゃんは店員に言う。決め台詞は「アンタのためを思うて言うんやで？」。これは魔法のキーワードで、自分の本心を言う前に必ずこの言葉が出ます（笑）。

――なるほど。

自分にも他人にも正直で直球。お金にも厳しい。そういうところが他県の人からは珍しいから、「大阪のおばちゃん」は注目されるのでは？　でも最近は、ヒョウ柄やあめちゃんがテレビで取り上げられたせいで、少し誇張されて大阪のおばちゃんが有名になっている感じはありますね。

――「大阪のおばちゃん」が、ブランド化している？

ええ。でも逆に、そういう風潮を利用して、ビジネスで「大阪のおばちゃん」をやっている人も多いです。特に観光地の土産物店などにいるおばちゃんは、「ビジネス大阪のおばちゃん」の可能性が大。パーマをかけてヒョウ柄の服を着て接客をしたら、みんな喜びますからね。……ま、なんでも商売にしちゃうところも、大阪らしくておもしろいですけど。

――なんと。我々が抱いていた大阪のおばちゃんのイメージは、ビジネスおばちゃんたちによって作られた「商品」だった⁉

【道端にお店を出していた占い師の女性（？代）の話】

――大阪のおばちゃんの魅力とは？

そんなん知らんわ‼（笑）そやけどやっぱり、私を見ても分かる通り、おもろい人が多いところかな。友達もみんなおもろいしな。東京にはそんなに、おもろいおばちゃんはおらんでしょ？

――たしかに。東京のおばさんはそこまで笑いに貪欲ではないですね。

そうやろ？（……以下、いろいろと世間話が続き）そんじゃ、最後に、アンタのためにおばちゃん、一曲歌うわ。行くよ！♩ア～アアー（2分ほど熱唱。美声）。はい終わり。どやった？」

――……予想以上に感動しました。ありがとうございます（涙）。

ふふふ。じゃあ占いのお代は500円。またおいで！

……結論。「懐が大きくてしっかり者で、リアリストでおもろくて暖かい」これが、大阪のおばちゃんの正体だ！

3●おばさんたちの優雅な日々

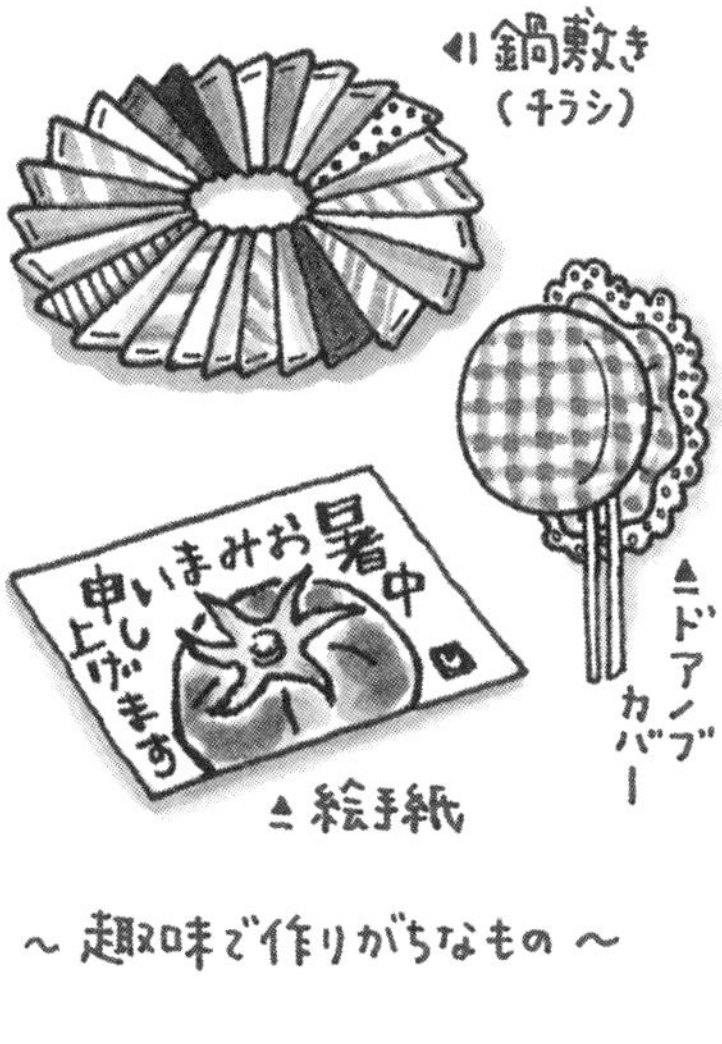
◀1 鍋敷き
（チラシ）
▲ドアノブカバー
暑中お見舞い申し上げます
▲絵手紙
～趣味で作りがちなもの～

根性でジョギング

ここでは、ジョギングをするおばさんを集めた。といっても、部屋着のような格好でのんびり走っている人から、ド派手なウェアを着て猛スピードで疾走している人まで、レベルはピンキリである。いずれにせよ、給水だけは怠らないでほしい。

▶近所で一番、ガチの人。（9月。下高井戸）

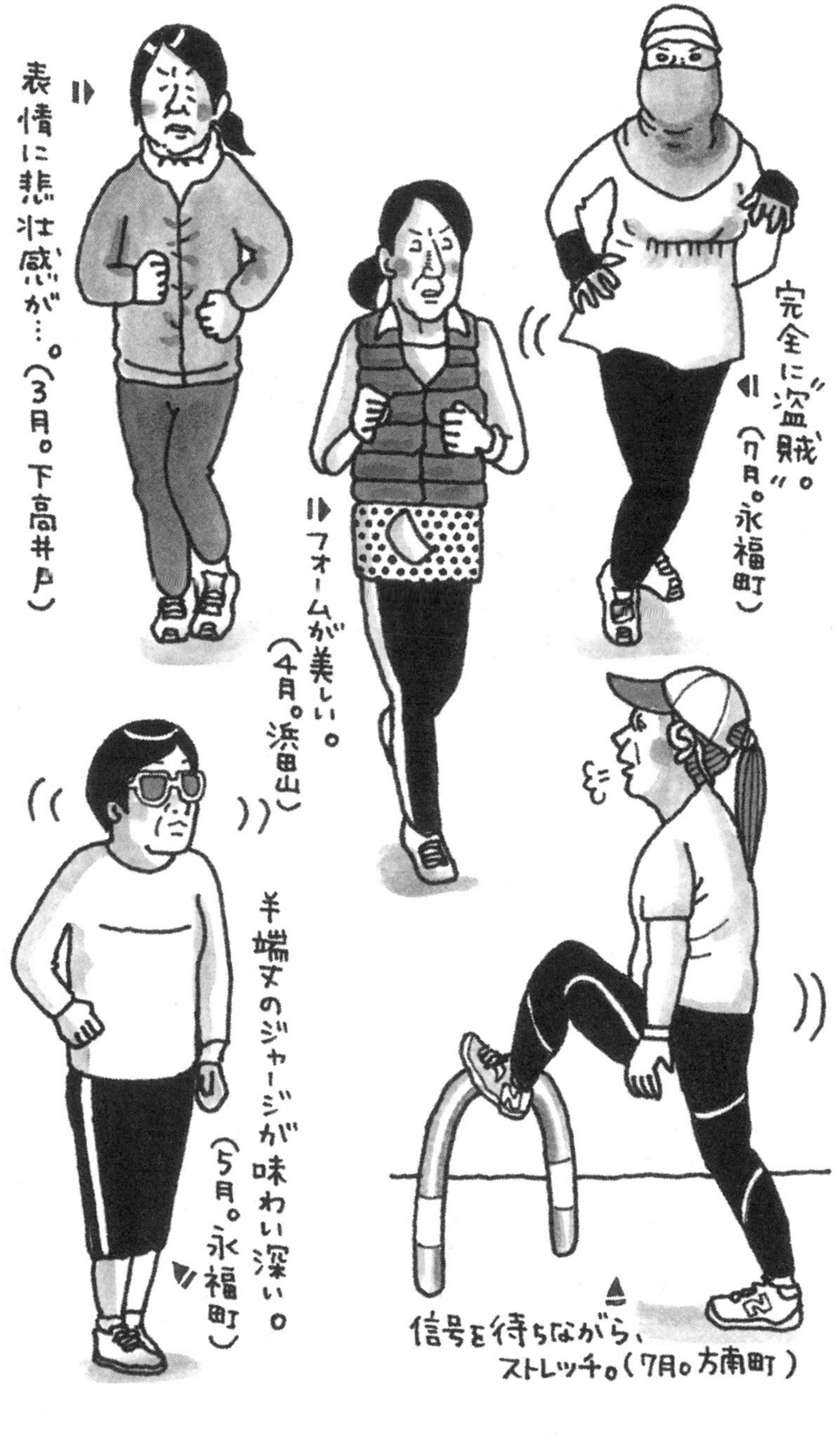
表情に悲壮感が…。(3月。下高井戸)
フォームが美しい。(4月。浜田山)
完全に"盗賊"。(7月。永福町)
半端丈のジャージが味わい深い。(5月。永福町)
信号を待ちながら、ストレッチ。(7月。方南町)

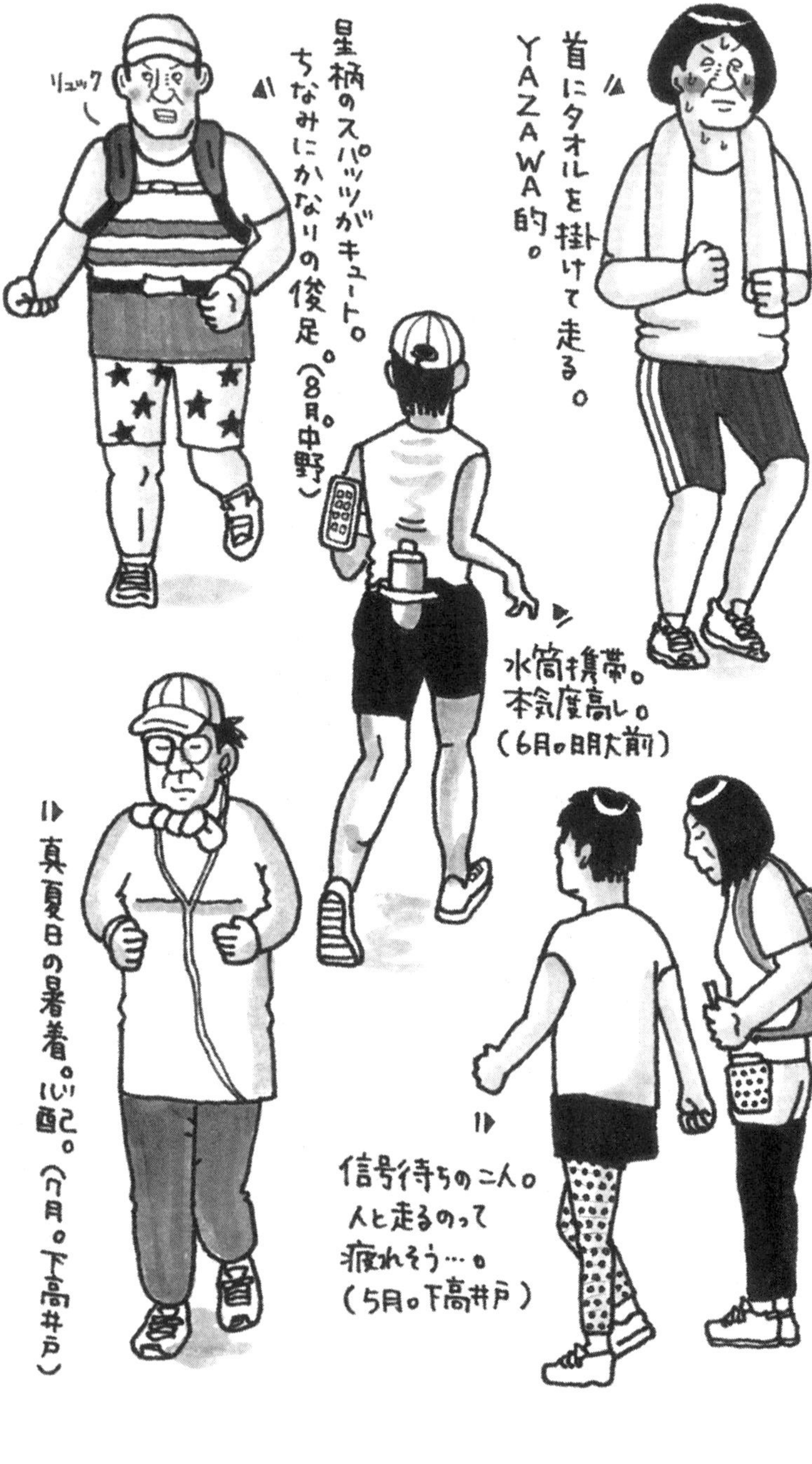
リュック
星柄のスパッツがキュート。ちなみにかなりの俊足。(8月。中野)
首にタオルを掛けて走る。YAZAWA的。
水筒携帯。本気度高し。(6月。明大前)
真夏日の暑着。心配。(7月。下高井戸)
信号待ちの二人。人と走るのって疲れそう…。(5月。下高井戸)

首に巻いたヒモには何の意味が？（7月。中野）

ペットボトルを握り締めて走る。邪魔では？（8月。方南町）

夫、若干、遅れ気味。（8月。中野）

どことなくタモリ似。（6月。永福町）

汗でブラジャーが透けている…。(8月)
たすきとゼッケン着用。本格的。(8月)
303
両手首の時計は一体…。(8月)
なぜか普段着の二人。せめて帽子をかぶって!(8月)
サンダル
夫婦で走る。二人共、速い!!(8月)

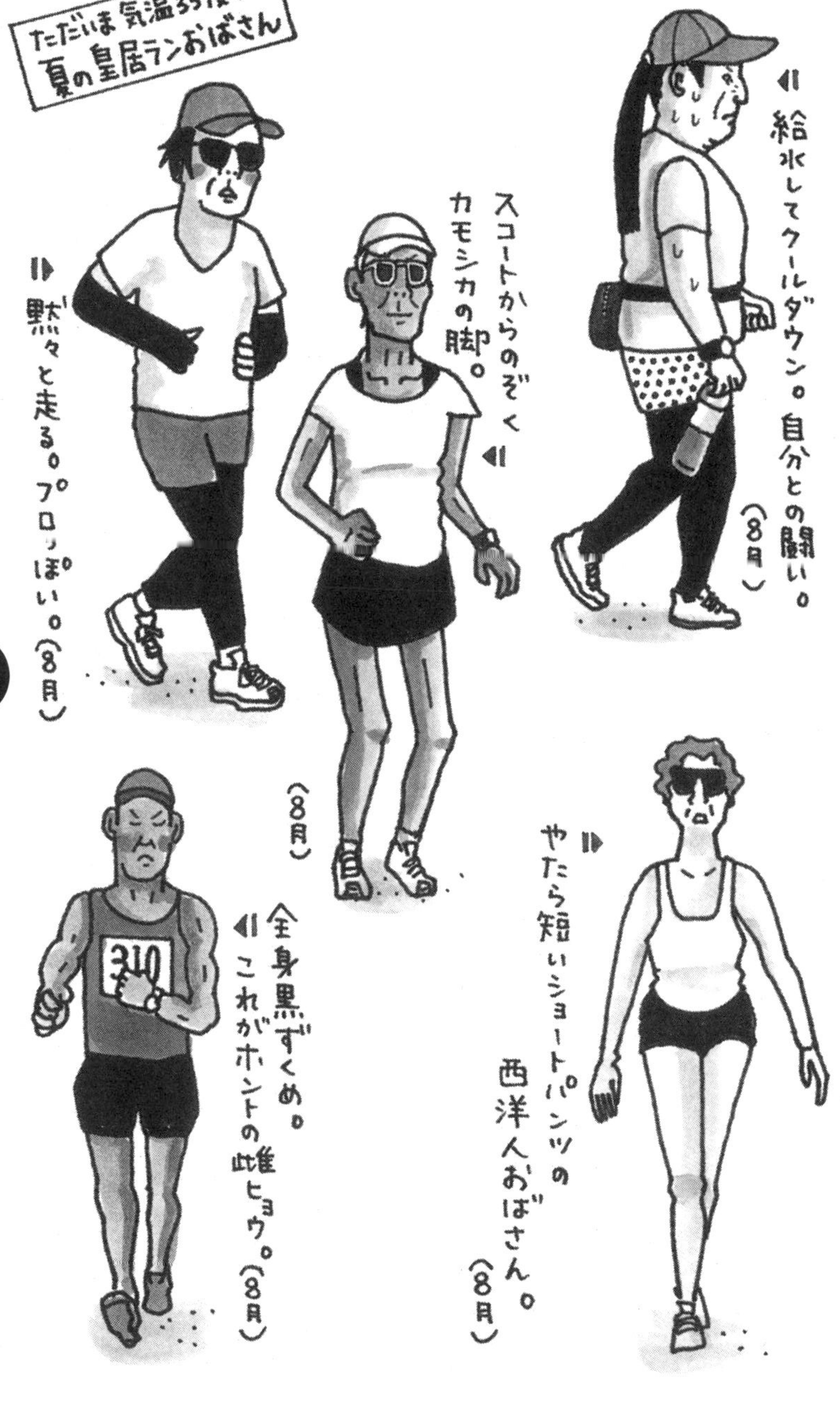
ただいま気温35度！
夏の皇居ランおばさん
給水してクールダウン。自分との闘い。（8月）
スコートからのぞくカモシカの脚。（8月）
黙々と走る。プロっぽい。（8月）
やたら短いショートパンツの西洋人おばさん。（8月）
全身黒ずくめ。これがホントの雌ヒョウ。（8月）
310

マイペースで軽くウォーキング

ここでは、ウォーキングをしているおばさんを集めた。手軽に始められるせいかウォーキングおばさんは人口も多い。「ポケモンGO」をしながら歩いたり、友達と歩いたり、道すがら野草を摘んだりと気楽そうで、ジョギングのような悲壮感がないのも特徴だ。

ポケットからはみ出た野草が気になる。
(5月。明大前)

朝7時。寒いけれど元気いっぱい。
(3月。新宿)
ガハハ
それでね!
ハッ
ハッ
狭い道で
腕を振って歩く。
迷惑。(8月。中野)
散歩中、
ポケモンと
格闘。
(6月。永福町)
会話ゼロで歩く夫婦。
(8月。明大前)
…
…
ヤダ~
アハハ
グループで歩く。夜だが騒々しい。
(8月。下高井戸)

日傘もさして
UV対策は万全。
(7月。方南町)
裏稼業風。
(6月。中野)
すれ違い様にほほ笑んでくれた。
(5月。下高井戸)
ジャージ
音楽を聞きながら、
鼻歌まじりに歩く。
(4月。中野)
タンクトップが男前。
(7月。下高井戸)

またポケモンが現れた!?（10月。箱根）

杖を両手に持って、安定感抜群！（2月。横浜）

こちらもグループで散歩。楽しそう。（6月。永福町）

サウナ室のおばさん

ここでは、スポーツジム内のサウナで目撃した、様々なおばさんたちをご紹介する。タオルや垢すりを自在に活用して、それぞれが独自のサウナタイムを過ごしていることがお判りいただけるだろう。真ん中の人だけ、ちょっとどうかな?と思うのだが……。

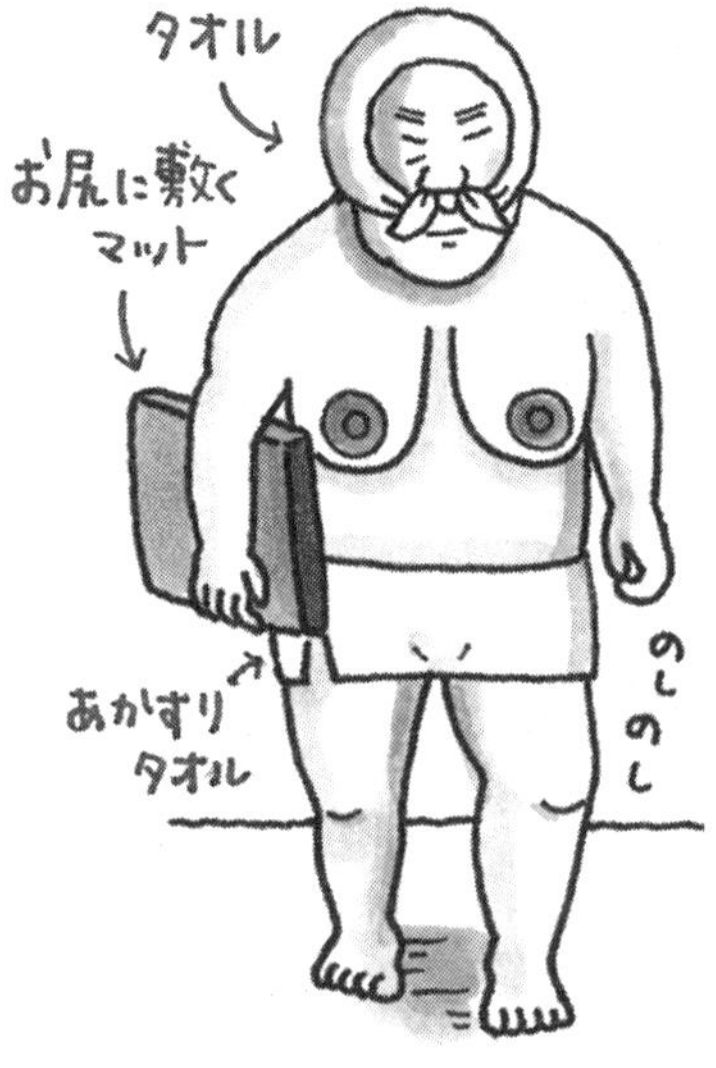

タオル
お尻に敷く
マット
あかすり
タオル
のし
のし

◀思わず二度見のインパクト。(8月。長津田)

【KKKスタイル】
【片乳出しスタイル】
【局部隠しスタイル】
タオルにまたがって
前を折り返す
【スーパーマンスタイル】
【寝そべりスタイル】

犬とおばさん

ここでは、住宅街や遊歩道で見た、犬の散歩中のおばさんを集めた。犬と自分の服をリンクさせている人、犬より自分の方が先を歩いている人、犬を抱いて自分だけが歩いている人……とスタイルも様々だが、全体的な傾向として飼い主と犬は雰囲気が似ている。

イラッ
早く行きたい
おばさん。
まだ用がある犬。
(8月。明大前)

道の真ん中で集会。（3月。横浜）
犬より前に出ちゃうタイプ。（8月。永福町）
おばさんは赤い上着。犬二匹は赤いベスト。（2月。中野）
犬の脚やお尻にカラーリングを施していたおばさん。うーん。（10月。用賀）

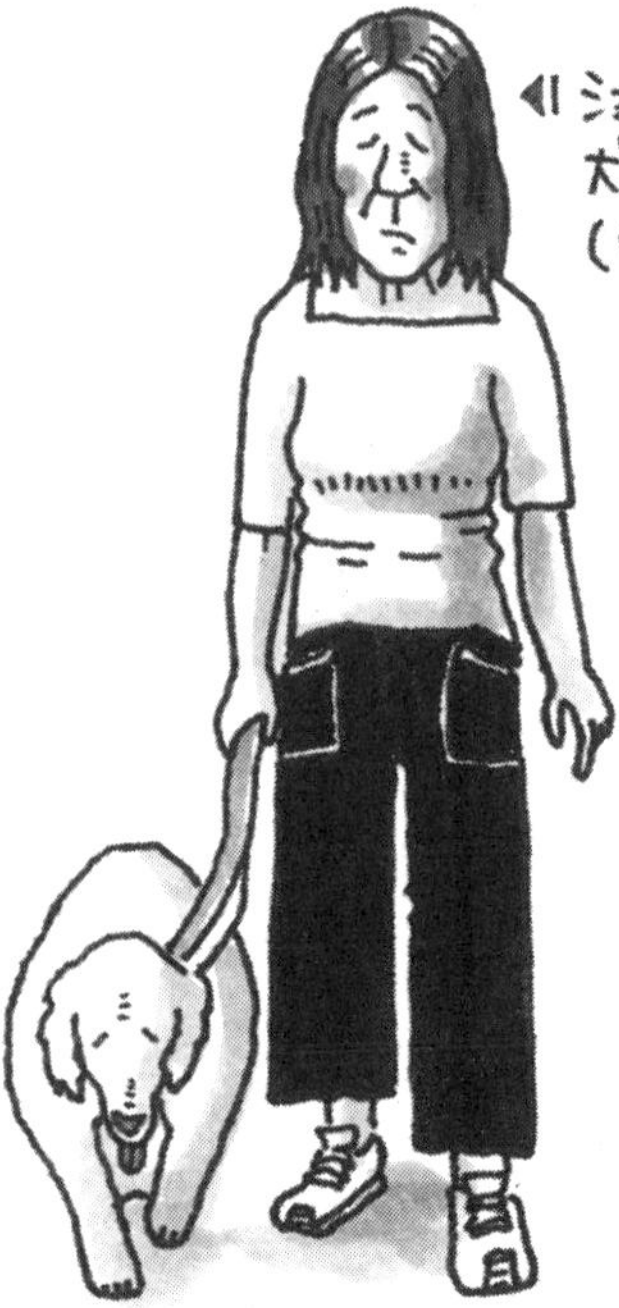

ショボくれた雰囲気の
犬とおばさん。
(9月。中野)

公園の椅子に
犬を載せるのは、
マナー違反では…。
(11月。下高井戸)

犬ハーレム。
(2月。桜上水)

犬の散歩なのか
おばさんの散歩なのか。
（2月。下高井戸）

炎天下での散歩。
お疲れ様です。（8月。下高井戸）

ついに
主従関係が
逆転。
（1月。西永福）

公園のおばさん百景

ここでは、公園にいるおばさんに着目した。よく見ると公園には、たくさんのおばさんがいる。運動をしたり、掃除をしたり、お花見をしたりと皆、楽しそうだ。しかし、公園にいる子供よりおばさんの方が人数が多いと、若干、日本の将来が心配になる。

テニス帰り。健康的。
（3月。横浜）

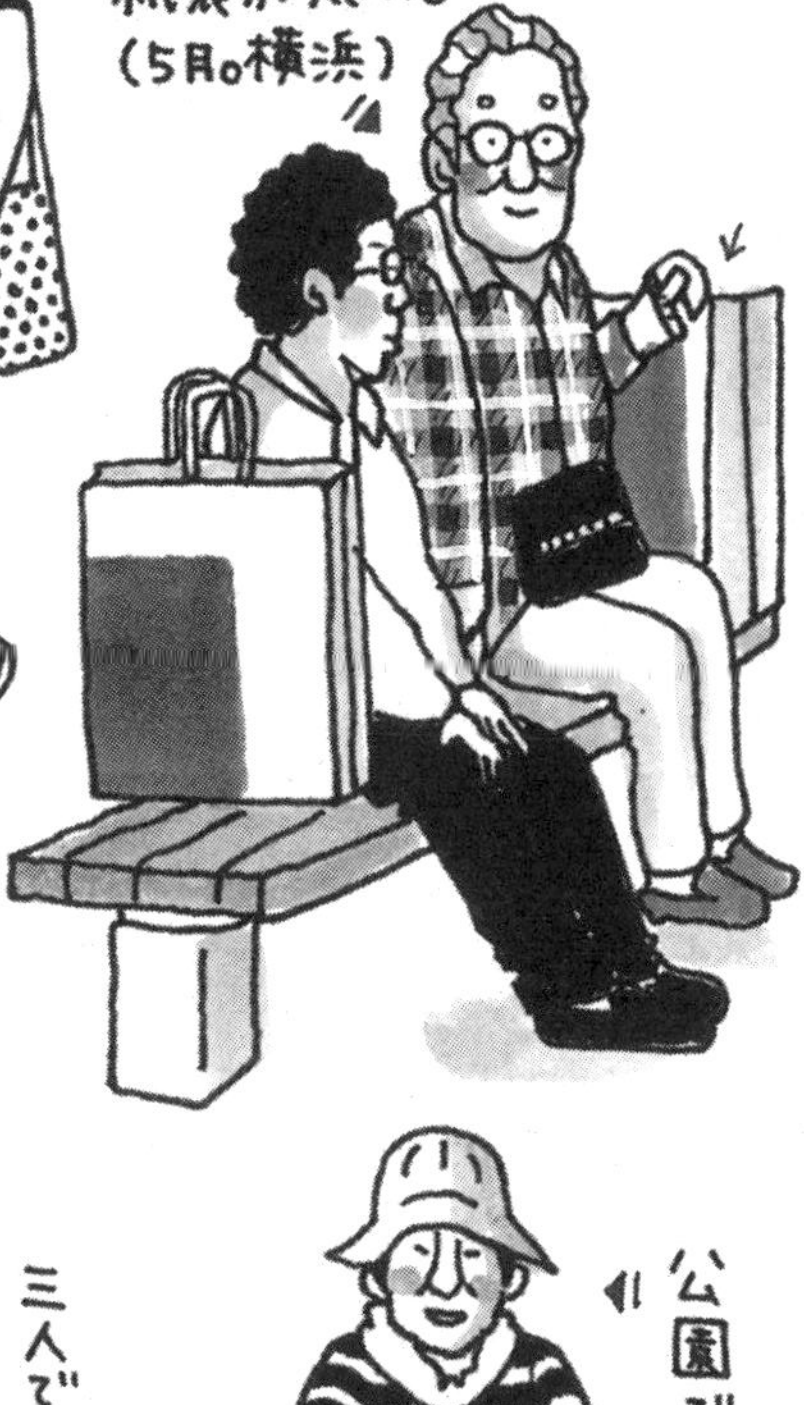

ベンチで語り合う二人。
紙袋が大きい。
（5月。横浜）

三人で梅とメジロを撮影。
（3月。新宿）

公園でビラ配り。
（6月。永福町）

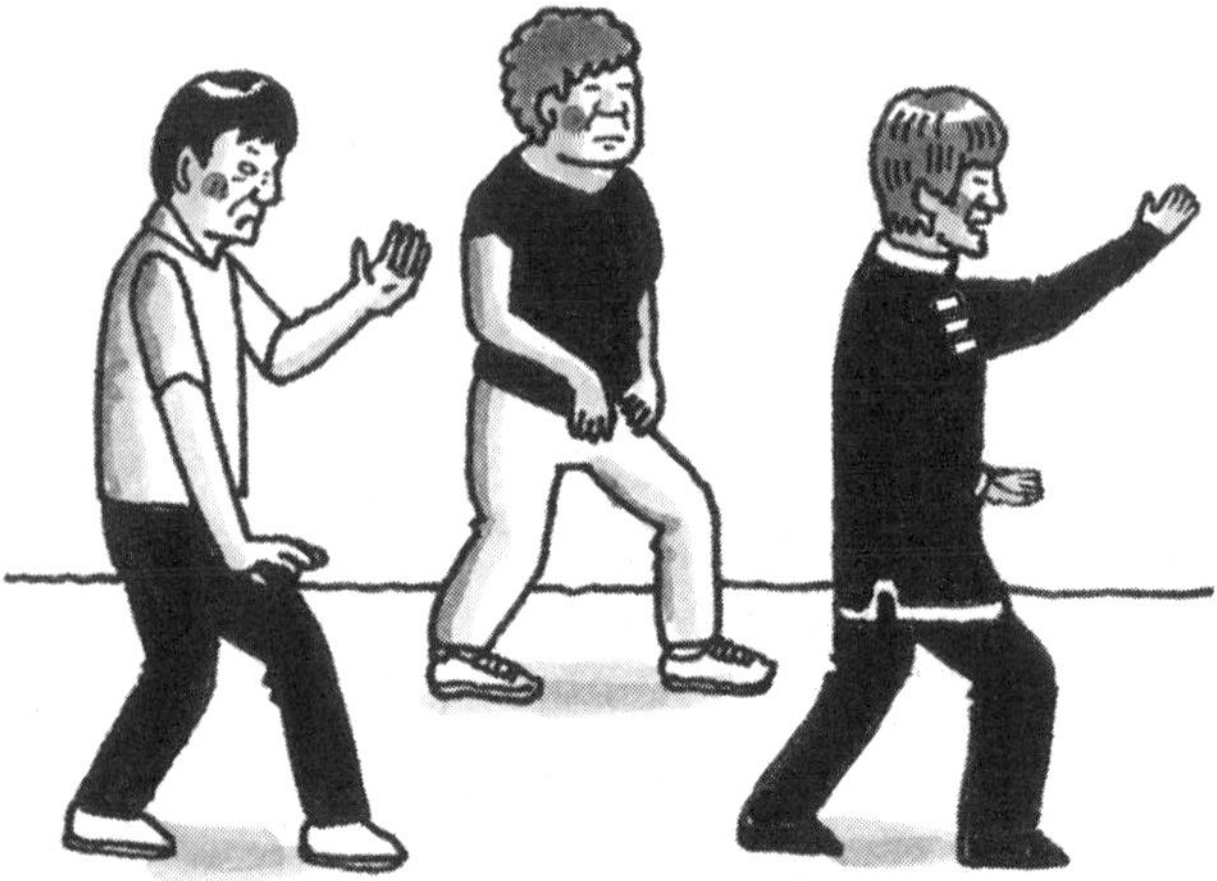

▲気功のレッスン中。右端の人は多分、先生。
左端の人は自分を捨てきれていない。（7月。方南町）

夜な夜な、
野良猫に
エサをやっている
おばさん。
（5月。中野）▶

夫婦で運動に励む。▲
（4月。横浜）

▲寝転がって花見。
積年の友情を感じる。
（4月。永福町）

公園を清掃する▲
ボランティアのおばさん。
（4月。下高井戸）

おばさんの鉄板アイドル氷川きよし

ここでは、氷川きよしのコンサート会場で見たおばさんをご紹介する。カラフルな法被にねじりハチマキ姿で、ペンライトを手に絶叫するおばさんたち……。一体、氷川君の何が彼女たちを駆り立てるのか？　なんだか行き場を失った情欲が会場中に充満している気がした（※ライブは２０１７年４月に行われたものです）。

きよし〜〜
ハチマキ
ラメのストール
ペンライト
手づくりうちわ
法被
コンサートの正装。（4月。水戸）

会場前に立っていたおばさん。結局、入れたのか？
チケットゆずってください
氷川さんとの写真を身につけたおばさん。本物!?
ズン
ドコ
盛り上がる人々。楽しそう。
氷川きよし
男の
新曲の宣伝パネルともパチリ。写真の写真ってありがたいのか？
等身大パネルと記念撮影。ちなみに行列ができている。

けなされて嬉しい綾小路きみまろライブ

ここでは、綾小路きみまろのライブ会場で見たおばさんをご紹介する。なお、綾小路氏の客イジリにはかなり失礼な冗談も含まれていたが、イジられた本人を含め皆が手を叩いて爆笑していた。毒舌漫談はおばさんの深い度量があって初めて成立する芸なのだ。

等身大パネルをパチリ。
行列はできていない。(8月。三郷)

楽しみー
ねー
お友達同士での来場者が多め。
会場内で最もエロい格好だった人。
よろちゃーん
身を乗り出してはしゃぐおばさん。
今日は新ネタが少なかった
帰り際に辛口コメントを発していたおばさん。
アハハハ
夫婦で爆笑。
ヒー
笑い過ぎて泣いちゃった。

今日は歌舞伎座でざぁます

ここでは、銀座・歌舞伎座で見かけたおばさんを集めた。ワンピースや着物を着ておめかししたおばさんが多く（さすが銀座）、上演中も休けい中も皆、非常によく食べていた。歌舞伎鑑賞はきっと、財力のあるおばさんにとっての遠足みたいなものなのだろう。

▶朝。歌舞伎座の開場を待つ人々。ほとんどがおばさん。（9月。銀座）

◀おしゃれして
来ている人も多い。
さすが銀座。

観劇中の飲食もOK。
今川焼きを
食べるおばさん。▼

通い慣れた感じの
おばさん。▶

▲
昼休けい。ロビーには
おばさん達があふれる。

▲1階桟敷席のおばさん達。
「通」っぽい顔ぶれ。(2月)

▲売店で甘酒を買う。
ちょっと うれしそう。
(3月)

▲着物のおばさんも多い。

自分の席を探してさ迷うおばさん。
（2月）
外は雨。サッと羽織を脱ぐ姿がカッコいい。
（2月）
スイスイ歩くベテランおばさん。
（2月）

141

スポーツジムで汗かきましょう

スポーツジムに行くと、中高年の利用者が多く見られる。もちろんおばさんもマシンやヨガなどで熱心に身体を動かしているが、なぜか「うわぁ、引き締まってますね！」という体形の人は少ない。そんなミステリアスな存在であるスポーツジムおばさんを集めた。

▶ダンベル持ってスクワット。顔が…。（8月。長津田）

キャミソール姿がセクシー。(8月。長津田)

テレビを見ながら黙々と運動。(9月。長津田)

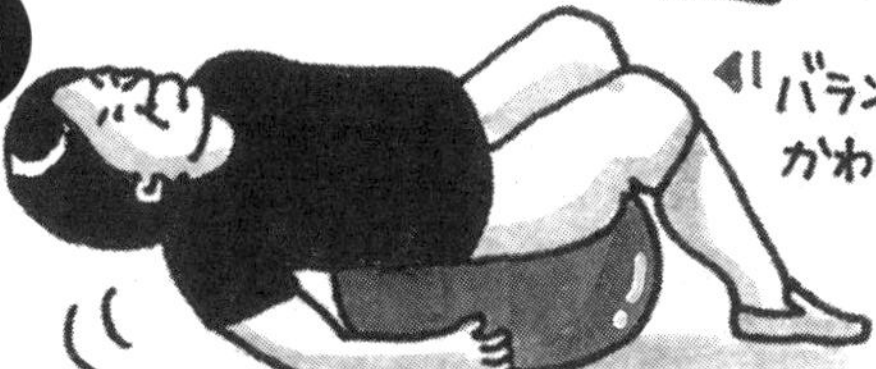

バランスボール中。かわいい。(6月。成城)

準備体操は念入りに。(8月。長津田)

ホットヨガで汗びっしょり。(4月。成城)

ストイックに
ストレッチ。
(4月。成城)
必死に腕立せ伏せ。
ガンバレ。(4月。
成城)
ぐっ
乗馬マシンで汗を流すおばさん二人。
どこか牧歌的な光景…。(3月。成城)
ゴロン
ガラン
ガラン

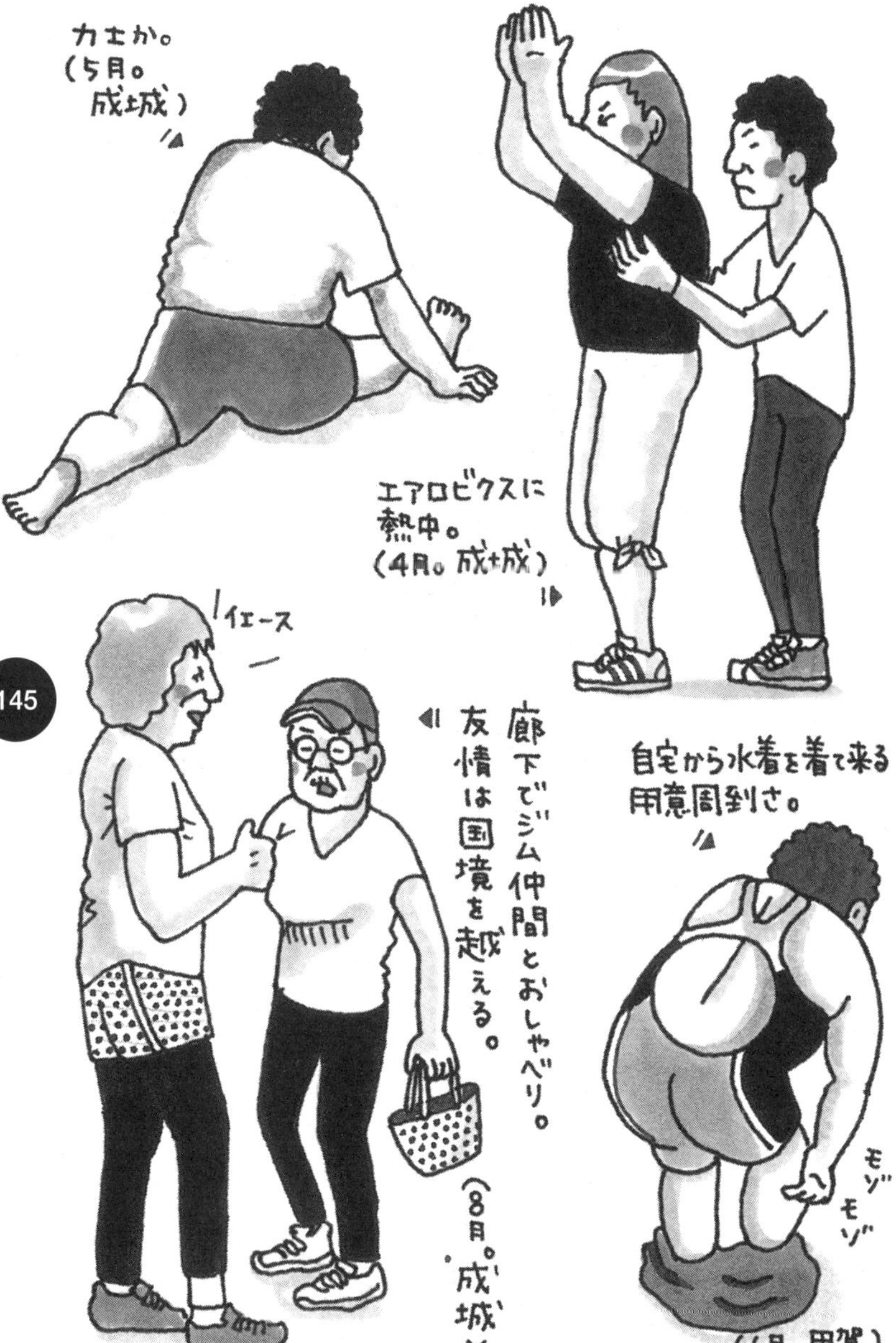
力士か。（5月。成城）
エアロビクスに熱中。（4月。成城）
イエース
廊下でジム仲間とおしゃべり。友情は国境を越える。（8月。成城）
自宅から水着を着て来る用意周到さ。
モゾモゾ
（6月。用賀）

美術鑑賞でハイソ気分

ここでは、美術館で見かけたおばさんを集めた。美術館にはとにかく、熱心に作品を鑑賞しているおばさんが多い。彼女たちはなぜ、かくも足しげく美術館に通いつめるのか？ 手足のカサつきはなかなか治らないが、芸術品を見ればすぐに心が潤うからだろうか。

▶巨大な絵を見る巨大なおばさん。（10月。六本木）

作品の前でセルフィー。(10月。六本木)
資料もじっくり読み込む。(6月。渋谷)
ゴホ
ゴホ
体調不良をおして来館。迷惑…。(5月。渋谷)
ワー
キレー
作品よりも、外の景色に夢中。(3月。新宿)
小声でおしゃべり。(7月。青山)

胸に手を当てて
感動を表現。
（5月。初台）
有名な作品は
長く眺めがち。
（10月。箱根）
「開催概要」まで
じっくり読み込む。
音声ガイダンスに
じっと聞き入る。
（6月。上野）
「作品リスト」、グチャグチャ。
（5月。六本木）

撮影OKコーナーにツキノワグマが二体。（10月。六本木）
難解な作品を前にフリーズ。（10月。箱根）
作品の前でハイ、チーズ。（10月。六本木）
学芸員も、大体おばさん。
（3月。渋谷）
（10月。六本木）

天皇陛下バンザイ！

「令和」への改元後、初の一般参賀が行われた2019年5月4日。この日は皇居に約14万人が詰めかけたが、おばさんたちの姿も多かった。強い日差しの下、朝8時に並び始めてから皇居を出るまで約4時間。パワフルに動き回っていた彼女たちの姿をお届けする。

▲一般参賀を終えて、記念撮影する夫婦。

▲午前9時10分。正門前には5万人が集結。暑さで座りこむおばさんも…。

▶行列を撮影するおばさん。気持ち分かる。

▲なかなか進まない。おしゃべりしつつ歩く。

待つこと2時間。
ようやく皇居の
門の中へ。
「走らないで下さい」
の声を無視して
暴走するおばさん達。
キャー
ワー
こちらは落ちついて行動するおばさん二人。
一般参賀のプロと見た。
先に進みたいが写真も撮りたい。

フー フー
暑いのに着物で来ていたおばさん。…トイレ、大丈夫？
登山家の様な装い。午後は雨だったので、この格好は正しい。
筆談しますよー
筆談が必要な人はいないか、叫んでいたスタッフのおばさん。
夫婦で来ていた人も多く見かけた。

宮殿東庭に通された人々。
このすし詰め状態で、さらに
1時間ほど待機。ザ・密!

ついにベランダに▲
皇族の方々が登場!
おばさん達も
一気にヒートアップ。

一般参賀を終え、▶
30分以上かけて外へ。
さすがにもう笑顔は無い…。

◀
…と思ったら、
ワシワシと弁当を
食べるグループが。
パワフルだなあ。

嵐が活動休止だなんてサビシ〜

2020年に活動休止を宣言した人気グループ嵐。そのコンサート会場に潜入！……は難しいので、東京ドーム周辺で開場を待つおばさんたちの姿を集めた。目立ったのは、「娘と二人」で来ていたおばさんたち。家に置き去りのお父さんたちは、今頃、何を思うのか？

157

大荷物。地方から遠征？

お揃いのTシャツでキメた母と娘。

持参したおにぎりで腹ごしらえ。

はしゃぐ娘と疲れ気味の母。

開場前に
すでに大量の
コンサートグッズを
購入していた
おばさん達。
持ち運べるのか？
5×20
タオルを掛けて
気合い十分。
コンサートグッズのバッグ、
普段も使うのかな。
入口の大行列を見て
ため息。そりゃそうだ。

ね
キャー
パンフレットを開封して盛り上がる。

楽曲をおさらいして、気持ちを高める。
お肌ツヤツヤ。
520
出陣を待つ、戦国武将のような佇まい。

なぜに彼女たちは山を目指すのか

東京郊外にある日帰り登山で人気の高尾山で見かけたおばさんたち。ちなみに、高尾山で見かけた登山客の大部分は中高年であった。彼らはなぜ山を目指すのか？　子育てや仕事、ローンの支払いなどの「人生のヤマ場」を終えてもなお有り余る情熱と体力を、本物の山にぶつけているのか？

登山中も好奇心旺盛だったおばさん。落ちついて。（3月。高尾山）

朝。高尾山口駅前の広場にて。
不安気に仲間を待つおばさん。
外国人観光客のおばさんグループ。ガハハ。
一人で登るおばさんもチラホラ。
無言で登り続ける二人組。絆を感じる。

161

山頂を前に、盛り上がる。▲

◀地図をにらむベテラン山女おばさん。

▲山頂でまんじゅうをパクリ。至福の時。

▲富士山をバックに記念撮影。

▲長い石段に苦戦だ。無理しないで…!!

▶石井ふく子プロデューサーかと思った。

▲夫の三歩前を歩くスタンス。
実生活が目に浮かぶ。

▲お揃いのシャツの夫婦。
お茶を飲んでひと休み。

キルトフェスティバル

「第18回東京国際キルトフェスティバル」の会場にいたおばさんたちを集めた。彼女たちは優れた作品を見ると「何県の人の作品？」「こんな布どこで見つけたのかしら！」と、仲間たちと激論を交わしていたが、ところでキルトって、一体何に使う物なの？

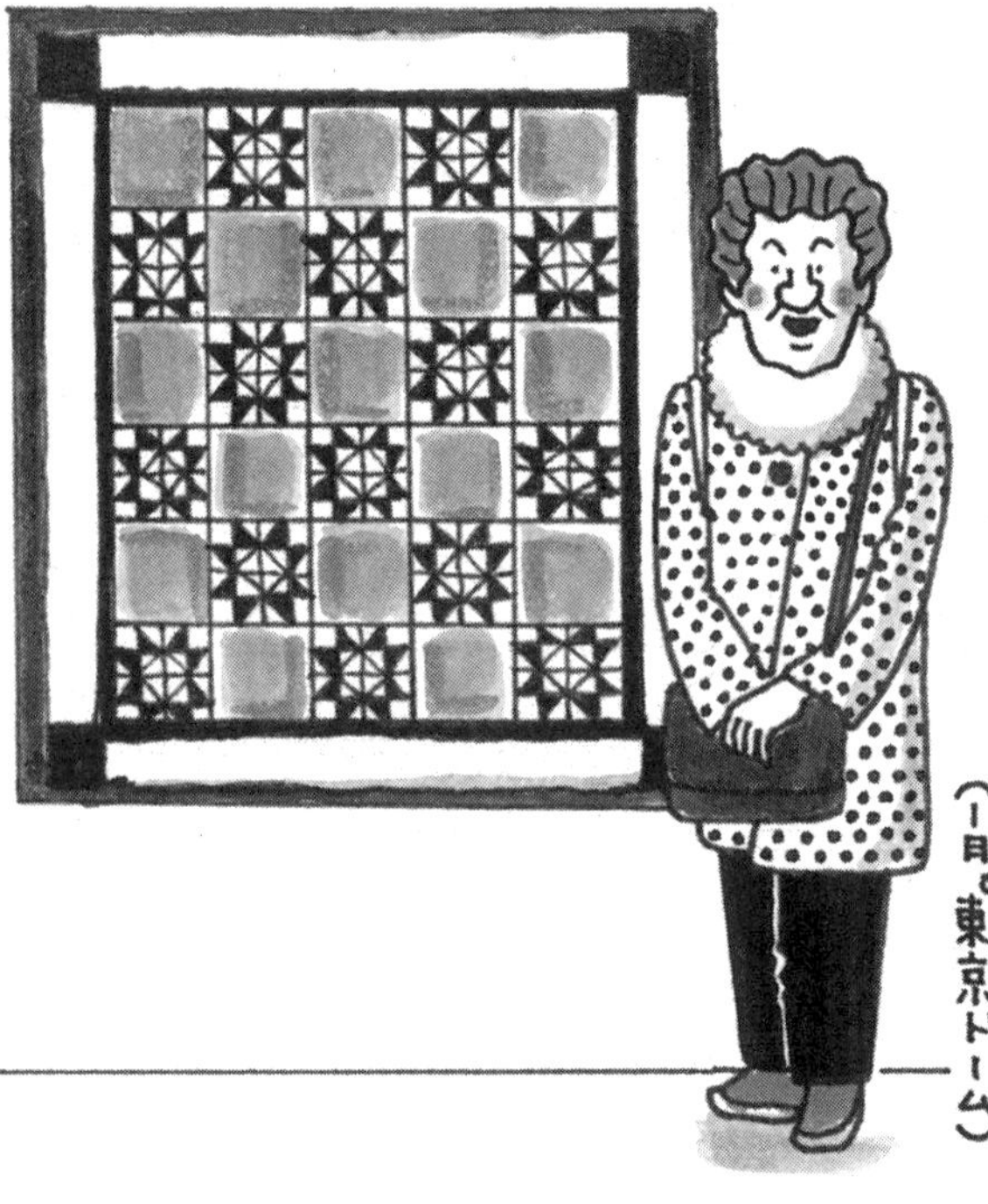

撮るよー
◀お友達の撮影を買って出る親切なおばさん。
◀下の方まで撮る。膝がプルプル。
かわいーー
◀同時に叫んだ。
すごいわね
ココどうやったの?
▲さまざまな角度から鑑賞&検証。

手袋を装着して鑑賞していたおばさん。
でも触っちゃダメだよね。

気になる作品を見つけたら、
すぐに眼鏡をかけるつもり。

カシャ

バッグを激写。
熱心だな。

ここに行きたいの—!

迷子なのに偉そう。

キルト展
特別価格
ハァー

出口付近ではマッサージ器の
販売会も。キルト関係ねぇ…。

ウン
ステッチがね

休けいコーナーにて。弁当を食べつつ、
キルト談義に花が咲く。

カラオケにハマるおばさん

カラオケに興じるおばさんを集めた。選曲が遅い、手拍子が調子外れ、順番が回ってこない、十八番が被った……など、水面下ではなかなかの心理戦が繰り広げられるカラオケ大会だが、そんなことはおくびにも出さず、場を楽しむのが大人のマナーである。

慎重に
曲を選ぶ。
(5月。四ツ谷)
FOOD MENU

デュエットで盛り上がる。(10月。箱根)
十八番は「天城越え」。(11月。由布院)
手拍子で和やかに。(11月。由布院)
熱唱したら、汗かいちゃった。(5月。四ツ谷)
フィリピンバーで熱唱。(9月。香港)
ついに出番が回って来ました。(5月。四ツ谷)

憩いの場は美容室

美容室で見かけたおばさんたちを集めた。よくしゃべる人、無言で雑誌を読み続ける人、居眠りする人……と過ごし方は様々だが、綺麗になりたい気持ちはどのおばさんも一緒。そう思うと、巨大てるてる坊主姿も、どこか愛らしく見えてくるから不思議である。

▶おばさんがおばさんをカット。（1月。西永福）

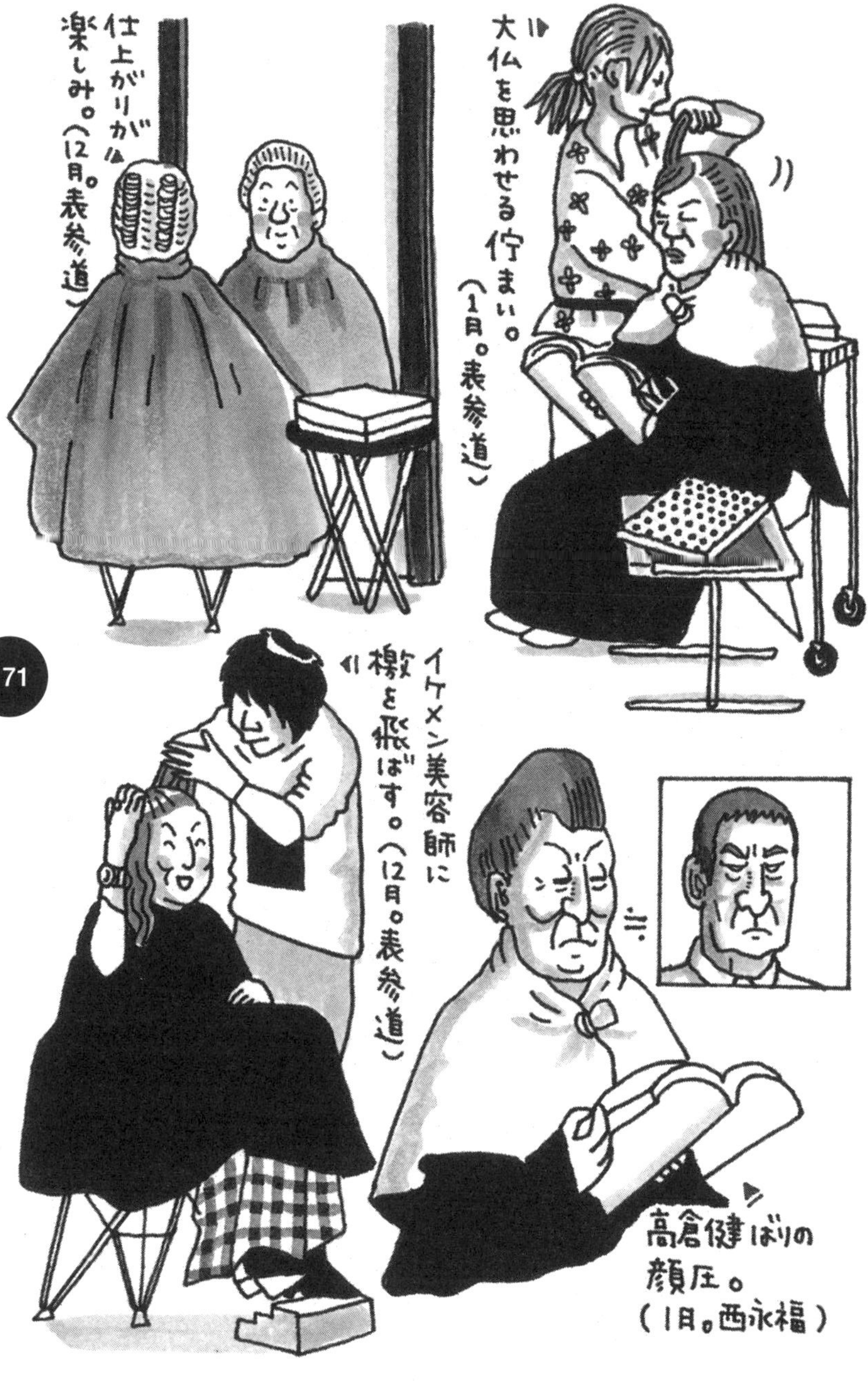
仕上がりが楽しみ。(12月。表参道)
大仏を思わせる佇まい。(1月。表参道)
イケメン美容師に檄を飛ばす。(12月。表参道)
高倉健ばりの顔圧。(1月。西永福)

酒場にて

居酒屋やスナックで見かけたおばさんたちを集めた。酒場で働く女性はコミュニケーション能力が高いが、中でも「スナックのママ」は抜群だ。常連客はもちろん、一見客の心をも一瞬で掴み、もてなすそのスキルは、未来永劫ＡＩに取って代わられることはなかろう。

アラ、お客さん？
フラッと入ってみたスナックのママ。
ぼんやりテレビを見ていた。（2月。浜田山）

コレ、実家から送られてきたタンカン。
甘いわよー!!
客が来たら化粧開始。
頼んでいないものも出してくれる。
\アアア〜/
男らしい歌いっぷり〜
常連客の下手なカラオケに絶妙のフォローを入れる。
夢
ヘルプで来ていたママの親友。
いそいそ

謎の強引さで
ドンドン客に
注文させていた
焼き鳥店の
おばさん。
（2月。浜田山）

時々、客のおごりで
ビールを飲む。

無言で酒を飲む妻。
疲れ気味の夫。
（2月。浜田山）

ほぅぅぅっ
ね
カウンター席でじっくり話し込む熟女ふたり。（2月。横浜）
厚焼き玉子、砂糖味ひとつ!!
声の大きいアルバイトおばさん。（2月。横浜）
キリッ
何杯飲んでも酔わないおばさん。（2月。横浜）
モグモグ
・・・。
居酒屋で夕食を食べていた家族。息子はひたすら読書。（2月。横浜）

群れたがるおばさんたち

3人以上で集まって行動しているおばさんたちを集めた。それにしても。小学生から女子高生、OL、ママ友に至るまで、女性は女同士でツルむことが好きだ。しかし経験から言って女だけの集会は、向上もしなければ、話の結論も出ないのが常である。

▶身内ネタ、病気ネタ、芸能ネタ、話題は尽きない。(10月。横浜)

お寺の境内に
今日も元気に
座り込む。
（9月。巣鴨）

グループで花見。ちなみに花壇の中。
（3月。横浜）

▲デパートの中の広場でランチ後もしゃべり続ける。
あと5組くらい居た。（12月。二子玉川）

▶駅前のベンチで盛り上がる。
楽しそうで何より。（9月。永福町）

平日昼間のファミレスは、
おばさんの花園。
（6月。永福町）

真冬に駅の改札脇で井戸端会議。
風邪引くよ。（1月。下高井戸）
そうよねぇ
ビュー

コラム

事件の中のおばさんたち

「事件を起こしたおばさん」と聞いて真っ先に頭に浮かぶのは、「福田和子・林真須美・木嶋佳苗」のお三方だ。罪状は異なるが三人とも、もっさり体形で表情がふてぶてしく、言動が大胆という共通項がある。また犯罪者ではないが、体操選手のパワハラ問題で注目を浴びた塚原千恵子元女子強化本部長、2017年夏に話題をさらったYouTuber・松居一代も、前の三人に似た「やべぇ」雰囲気がある。

しかし「おばさん事件界」のレジェンドといえば、なんといっても「騒音おばさん」であろう。布団叩きを手にベランダで「引っ越し、引っ越し！」と怒り狂っていた姿は、脳内のdeleteボタンを何度押しても消えてくれないショック映像だ。時代は遡るが、かの「阿部定事件」もまた、おばさんならでは（？）のエキセントリックな犯行といえよう。

もちろん世の中には穏やかなおばさんも多いが、一定数のおばさんが加齢と共に「なんか怖い外見」になり「突拍子もない事件」を起こしてしまうのはなぜか？　この問いに明確な答えは存在しない。それぞれ動機も背景も違いすぎる。ただおばさんたちが持つ資質「度胸・図々しさ・人生経験の豊富さ」が、コトをしでかすにひと役買っていのるは間違いない。そこに「積年のストレス・緊迫した状況・体調の変化・もう一花咲かせたいという野心」などが絡み合った時、おばさんは事件を起こすのではないか。

可能性はどの女性にもある。なんとかやり過ごし、無害な老婆になりたいものである。

4●テレビの中のおばさん

※リモコンにラップが巻かれていたりする。

ニュースキャスター&名物MC

ニュースやバラエティ番組で活躍するキャスター、およびMCのおばさんたちを集めた。若くて綺麗な女子アナを起用するのも良いが、重大ニュースや事件、世相へのコメントや大物ゲストへの相槌などはやはり、経験豊富な大人の女性から聞きたいものである。

日本
狂ってる
マツコ・デラックス
日本一の売れっ子おばさん。

有働有美子アナ
NHKのイメージ強い。
大下容子アナ
女子アナで一番好き。
北朝鮮のニュースキャスター
バーン
いつもこの人だよね。
上沼恵美子
つんく♂に似ている。
安藤優子アナ
重大事件が起きるとイキイキする…。
和田アキ子
やっぱり紅白、出てほしい…。
黒柳徹子
ごきげんよう
あと百年ぐらい生きそう。

ドラマの中のおばさん

テレビドラマに登場するおばさんは長年、嫁姑問題に悩んだり、よその家庭の秘密を暴いたり、いち早く真犯人を捕まえたりしてきた。しかし近年では、キャリアを追求し、美しさも保つ新種のおばさんキャラも増えている。本項では古典的キャラを中心に集めた。

科捜研の女
犯人の指紋と
あなたの指紋が一致しました
▶リケジョヒロイン榊マリコ(沢口靖子)。"おばさん"と呼ぶにはあまりにも美しい。

渡る世間は鬼ばかり

長年"耐える嫁"だった五月(泉ピン子)にも♪孫が誕生。今では自分が鬼(姑)に…。

家政婦は見た!

大沢家政婦紹介所。おばさんだらけ。

火曜サスペンス劇場

よく出てくるのは、この二人。

186

悪目立ちする政治家のおばさん

政治家のおばさんのファッションに着目した。あえて個性的な服装の人物を選んだのは事実だが、それにしても、どう考えてもこの人たちを「私たちの代表」という風には思えない。女性のフォーマルファッションの難しさについて、改めて考えさせられる存在だ。

片山
さつき
自分が最もイケてた時代の化粧と髪形を、
ずっと続けちゃっているんだろうな。
蓮舫
いつも白いジャケット。
カレーうどんは食せまい。
小池百合子
カラフルおばさん。
辻本
清美
ほぼほぼおじさん。
稲田
朋美
TPOフルシカト。

年齢不詳の芸能人

テレビで活躍する年齢不詳のおばさんたちを集めた。基本的に女性芸能人の年齢は分かりにくいが、中でもミュージシャンは特に分からない（というか、外見が変わらない人が多い）。人に見られることと運動（発声）が、強力なアンチエイジングになっているのか？

叶姉妹
なぜセレブなのか。なぜドレスなのか。
そのおっぱいは本物なのか。全てが謎。

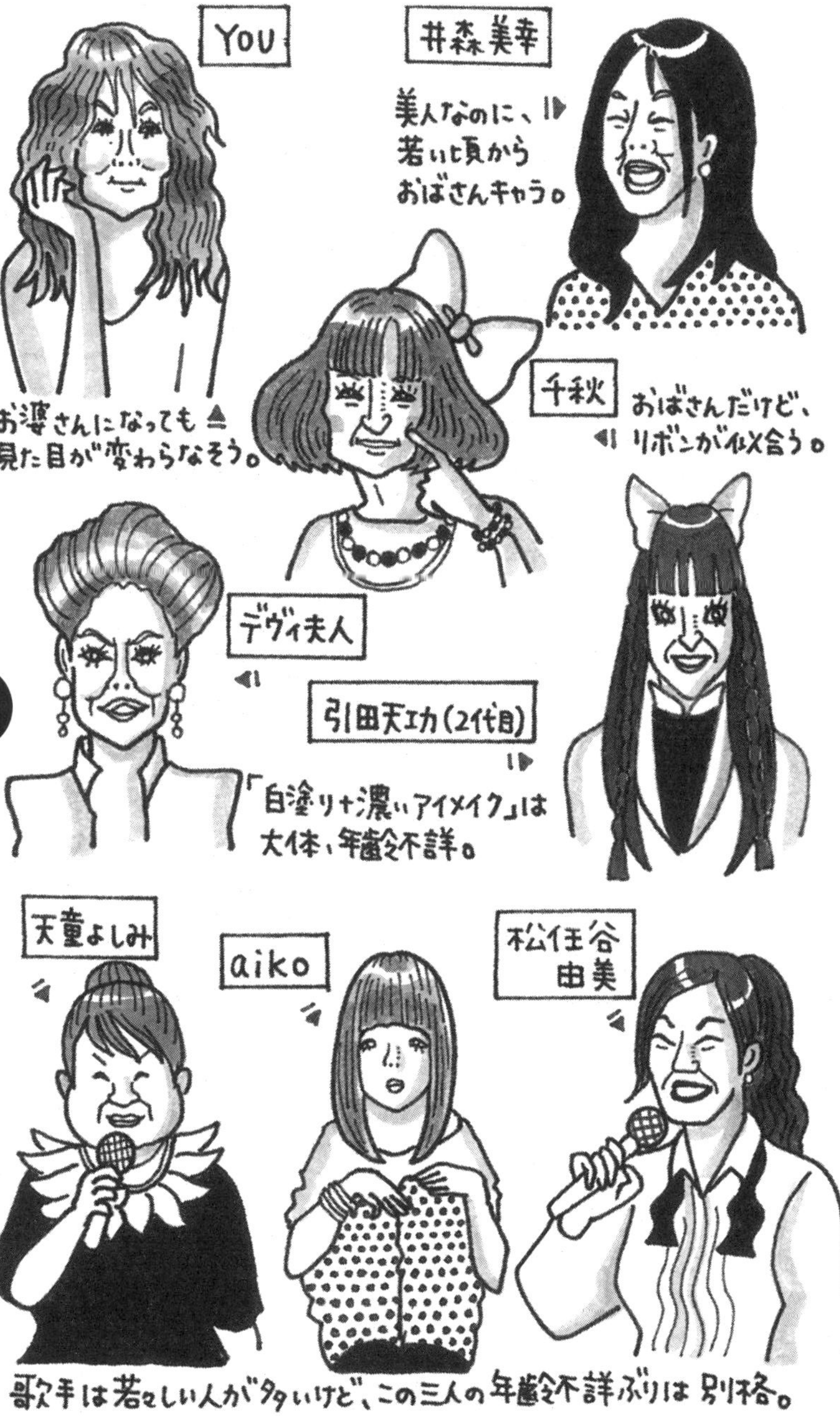
YOU
お婆さんになっても
見た目が変わらなそう。
井森美幸
美人なのに、
若い頃から
おばさんキャラ。
千秋
おばさんだけど、
リボンが似合う。
デヴィ夫人
引田天功（2代目）
「白塗り＋濃いアイメイク」は
大体、年齢不詳。
天童よしみ
aiko
松任谷
由美
歌手は若々しい人が多いけど、この三人の年齢不詳ぶりは別格。

オバサン化したおじさん

加齢と共に喋り方や雰囲気が女性的になっていく男性がいる。ここではそんな、オバサンっぽい男性芸能人に着目した。渋く男らしく歳を重ねる男性と、次第にオバサンっぽくなってゆく男性……。その分かれ道は一体、どこにあるのか？

今後も調査を続けたい。

笠井信輔
軽部真一
ご存知『男おばさん』の二人。
笠井アナの回復を祈っています。

古館伊知郎
"おしゃべり"は"男らしさ"と相容れない。
板東英二
顔つきがおばさん。
大木凡人
髪形の影響が大きい。
尾木直樹
"ブローチ集めが趣味"とか、本物過ぎる…。
秋元康
「授業参観に来てる友達の母ちゃん」っぽい。
ペ・ヨンジュン
高見沢俊彦
奇跡の美魔女おじさん。
おばさん風の外見だから、おばさんに好かれたのでは。

コラム

おばさんエッセイストの本

そんなジャンルは多分無いが、「おばさんエッセイ」の大ファンだ。向田邦子から林真理子、『負け犬』の酒井順子を経てジェーン・スーに至るまで。また最近では、阿佐ヶ谷姉妹やいとうあさこ、光浦靖子など女芸人によるエッセイも、名作揃いで気が抜けない。

おばさんエッセイはとにかくおもしろい。失敗談をさりげなく笑いに変え、おいしいお店での女子会や華やかな世界での仕事、かわいいペットについてなど、話題も盛りだくさん。値段分しっかり楽しませてくれる。

しかし最近、私は気がついてしまった。「……のんきに楽しんでいる場合じゃない！」。おばさんエッセイストたちは皆、非常に頭が良い。社会的成功者で資産も一般人の比ではない。だが、真実を書くと読者がドン引きしてしまうので、その辺りは巧みに隠し、「未婚だ」とか「モテない」(絶対ウソ)とか言って謙遜し、「私もみんなと同じだよ？」「向上しなくてもいいじゃん。楽しくやろ！」とぬるま湯的な文章世界を提供してくる。こちらはそれを信じてホイホイ新刊を買ってしまうが、それにより生じるのは、彼女たちはますます富み栄え、我々は同じ場所にとどまり続けるという負のループだ。学生時代クラスに「えー私、全然勉強してないよー」と言いつつ満点を取る女子がいたが、アレと同じである。

おばさんエッセイは、楽しいけれど諸刃の刃。買う時は「何かもう一冊、自己研鑽につながる本も買え」が、最近のマイルールである。

5●気になるおばさん

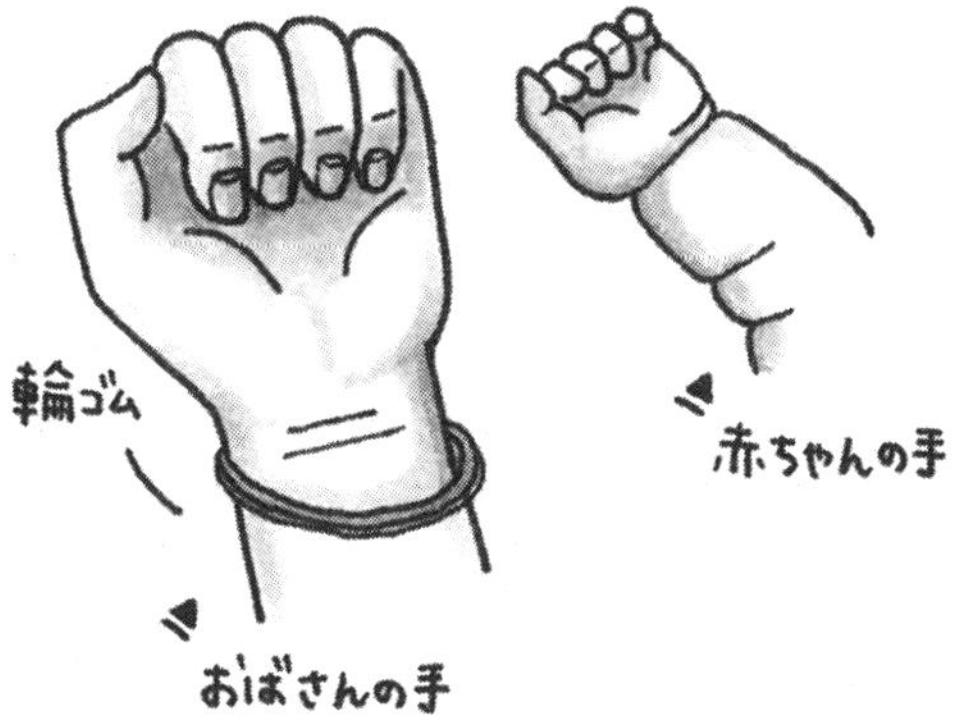

ベテラン夫婦は似てくる

この頁では、旦那さんと二人でいるおばさんを集めた。長年一緒にいると夫婦は似てくるというが、確かに、体形や肌の状態、顔色などの雰囲気が、特に似ている気がする。さすが同じものを食べているだけのことはある。何はともあれ、末長くお幸せに。

▶ハンチング帽夫婦。（11月。都営新宿線内）

◀ 服装の色味を合わせた
おしゃれ夫婦。
（5月。銀座）

手をつないで歩く ▶
仲良し夫婦。
（10月。箱根）

◀ 原宿の若者達を
しげしげと眺める
西洋人夫婦。
（5月。原宿）

さり気なく
スニーカーがおそろい。
（9月。新宿）

二人とも
帽子を深くかぶりすぎ。
（8月。下高井戸）

「夫婦は顔が似てくる」
という説を実証。
（5月。新宿）

日傘も鞄も、すべて
夫に持たせるスタイル。
（8月。六本木）

▲ファミレスでダラダラする二人。
（8月。品川）

◀夫は読書。妻はスマホ。
（2月。井の頭線）

▲もはやどちらがおばさんだか…。
（10月。巣鴨）

異国のおばさん

ここでは、日本国内で見かけた外国人のおばさんを集めた。彼女たちを眺めていると、笑い声のデカさや人懐こさ、貫禄のある体形といった「おばさんの特質」は、全世界共通のものであることが分かる。だが体格の立派さだけは、西洋のおばさんが群を抜いている。

HA HA
記念撮影のポーズに時代を感じる。（10月。大桶谷）
「暑い！」的な雄叫びを上げていた、アジアのおばさん。（7月。渋谷）
日よけにフードをかぶる。余計に暑そう。（3月。銀座）
民族衣装、カッコいい。（6月。新宿）

建築物に、興味津々。(5月。明治神宮)
人ごみに、お疲れモード。(5月。渋谷)
竹下通りを
お散歩中。
楽しそう。
(4月。原宿)
大荷物で
日本を満喫。
(10月。恵比寿)

ヒジャブが美しい。
(8月。日本橋)
日本人のおばさんと
海外のおばさんのコンビ。
体格差が…。
(9月。渋谷)
イエース
全身ピンク。
欧米版
・林家パー子。
(4月。原宿)
脚、
メッチャ長いな!
(11月。表参道)

周囲を撮影しまくるアジア人おばさん。
(4月。台場)
×○□
□×!!
大声でお友達にポーズを指示。
(4月。台場)
日差しを避けて、銀座線の階段に座り込む、中東系おばさん。
(7月。渋谷)
△×○
□×!!
怒鳴っているようなトーンで会話。
(4月。台場)

▲一人乗り自動車に乗ってご満悦。
（4月。台場）

◀到る所で
記念撮影。
パワフル。
（4月。台場）

若いのにおばさん⁉

ここでは、まだ10代そこそこであるにも関わらず、完成されたおばさんオーラを放つ若い女性を集めた。この手の女性は大抵、そのまま年齢を重ねて真のおばさんになってゆく。しかし稀に痩せて化粧を覚え、超美人に変身する者も出現するので、要チェックである。

▶酸いも甘いもかみ分けた十代。（7月。渋谷）

部活帰りの中学生。
この貫録は…部長!?
(8月。永福町)

TSUTAYAにて。
おばさんだと思って
よく見たら若者だった。
(8月。浜田山)

観光客らしき
少女。日本の夏、
暑くてごめん。
(8月。大手町)

恐らく20代だと
思うが、
この佇まいはどうだ。
(8月。井の頭線内)

キレイなおばさんは好きですか

ここでは、街中で見た綺麗なおばさんを集めた。彼女たちの特徴は主に、髪と肌の手入れが行き届いている、姿勢がいい、服装がシンプル、太っていない、友達と群れない、バカ笑いして手を叩かない……などであるが、その全てを実行するのは、至難の技である。

ショッピング中の美人親子。
さすが港区。(6月。青山)

影と肌のお手入れがバッチリ。(8月。横浜)

背筋が伸びていると、若々しく見える。(5月。銀座)

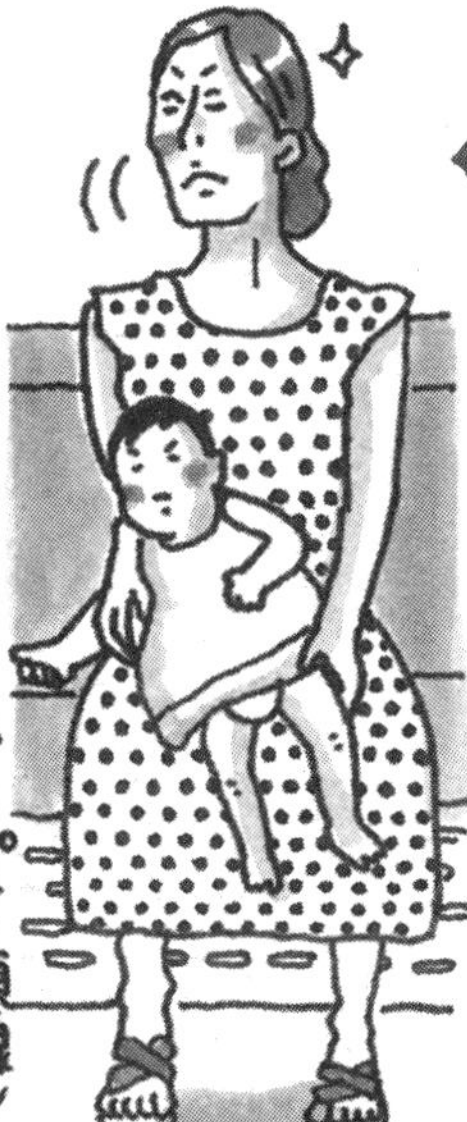

小さい子がいるのに美しい。すごい。(8月。井の頭線)

うたた寝中のエキゾチック美人。

ヒョウ柄やけど文句ある！

いくら大阪だからって、そうそう都合よくヒョウ柄を着たおばさんなんて居る訳な……居たー！　ということで、大阪の街中で見かけたヒョウ柄おばちゃんを集めた。パーマキツめ、声大きめ、笑顔多めの元気な大阪のおばちゃんには、ヒョウ柄が実によく似合う。

CDデビューしなさい
⇒アーケード下に居た占い師のおばさん。
歌手への転向を勧められた。
（3月。通天閣）

▲華やかな大阪美人のお母さん。（3月。御堂筋線内）

▲洋品店のおばさん。品揃えがワイルド。（3月。恵美須町）

◀ホントに居た。「さすべえおばさん」。（3月。梅田）

▶バッグやセーターにさり気なくヒョウ柄が…。（3月。恵美須町）

コ ラ ム

進化する日本のおばさん

かつてテレビドラマに登場するおばさんといえば、中華料理店に嫁いで姑にイビられたり、崖の上で犯人を追い詰めたり、家政婦業の傍に他人の家庭を覗き見たりと、地味で薄幸な女性が多かった。それが21世紀になると、スーパー派遣社員やスーパー家政婦、科学の力で事件を解決するリケジョなど、優秀な仕事人間おばさんが登場。そして2015年以降は、仕事もできて美人、さらに恋愛も現役というハイスペックなおばさんキャラが見られるようになった。(『オトナ女子』で篠原涼子が、『逃げるは恥だが役に立つ』で石田ゆり子が演じた役柄のような)。

この変遷は社会が求める理想のおばさん像の変化と連動しているように思えるが、ハリウッド映画に視点を移すと、アカデミー賞主演女優賞受賞者は、過去十年の10人のうち7人がおばさんである。彼女たちが演じたのは、鉄の女として国を治めたり、被害者遺族なのに警察と乱闘したり、女王陛下と家臣がおばさん同士でラブシーンを繰り広げたりと、外見より生き様が魅力的なキャラばかり。特に2018年の作品賞受賞作『シェイプ・オブ・ウォーター』は、美女と野獣ならぬおばさんと半魚人のラブストーリーだが、半魚人は最後まで王子様にならないし、おばさんも最後までおばさんのままだった。

「人の外見や嗜好をあれこれ言うべきでない」という風潮は近年、日本でも高まっている。美魔女よりも「出汁の効いたおばさん」がドラマで輝く時代も、もうすぐかもしれない。

番外編●近頃話題のマダムたち

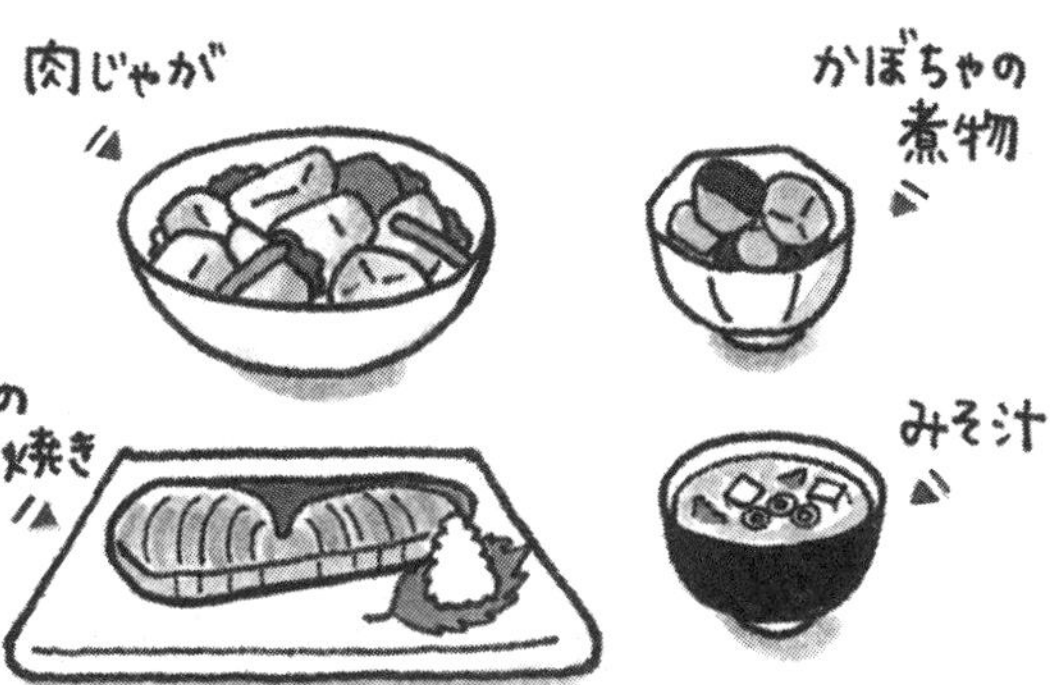
肉じゃが
かぼちゃの煮物
ブリの照り焼き
みそ汁

～おばさんが得意であろう料理～

安倍昭恵
実に
不思議な
服でした。
バンザーイ
膝も
バッチリ
出ていたし…。
貴景勝・母
最初、
貴景勝関の
隣に
北川景子
が
座っているのかと
思った…。

津田梅子

▲絶対もっとカワイイ写真あったハズ。

塚原千恵子

「パワーハラスメント」を擬人化したような外見。真相は知らないけど。▶

アンミカ

◀パリコレは見たいが、アンミカ先生が怖すぎて見ていられない。

木嶋佳苗

何でこの人にだまされるの？
と思ったけど、
美しい手書き文字の
手紙を見て、
少し納得した。

林 真理子（左）
宮崎 緑（右）

“有識者”って、
どんな風にして
選ばれるんだろう。
新元号より謎。

工藤静香

全然ファンじゃないけど、定期的に
インスタを見てしまう。（怖いもの見たさ）。

みきママ
料理上手は
分かった。
お子さんの顔は
もう
隠してあげて。
かさ増し
かさ増し
パートナーシップを解消しました
勝間和代
そんなコト、
誰も聞いてないでしょ…。
受験は
母が9割!
佐藤ママ
お子さん四人を
東大に入れたとか、
本当に凄い。
ついでに
毛量も凄い。

近藤春菜

闇営業問題の時、
ワイドショーで
泣きながら
語っているのを見て以来、
この人で
笑えない。

ジェーン・スー

日本人
だったのか。

近藤サト

グレイヘアが素敵なのは、
この人が美人だから。
一般人が真似したら、
エライことになる。

豊田真由子

ち〜が〜う〜だ〜ろ
このハゲーーーっ!!

"もの凄い異常者"
のように
報道されて
いたけど、
このくらいの
キレ方をする女性って
ザラにいる。

松居一代

こんな夜中に
すみません…

当方、松居棒を自作する程のおそうじ本ファンだったので、
2017年夏のカズ姐の暴走はショックでした…。

高橋真麻
生放送中に破水したい
英樹と二世帯住宅…。
旦那さん、
大丈夫か。
滝川クリステル
…バカなの？
いろいろ大変そう。
浜崎あゆみ
産褥期を実感！
産後1カ月でライブ。やる必要ある？
AI美空ひばり
お久しぶりです
「故人が新曲をリリース!!」
って、おかしいでしょ。

板東　理子

独特の髪形が、▶
若かりし頃の
ビートたけしに似ている。

パーマの品格

阿川 佐和子

2017年、
誰もが別に
待ち望んでいなかった
女優業に進出。▶

ヨシ！
いっちょやってみますか

こっちの手で
自撮り

辻希美

"おばさん"という
年齢でもないが、
◀貫禄はタップリ。

小池百合子
オシャレマスク、一体何枚
持っているんだろう？
NO・3密
花柄
STAY HOME
レース
ボーダー
ドット
石田ひかり
姉に比べると
年相応。
だけど
幸せそう。
掛居君
…どすこい。

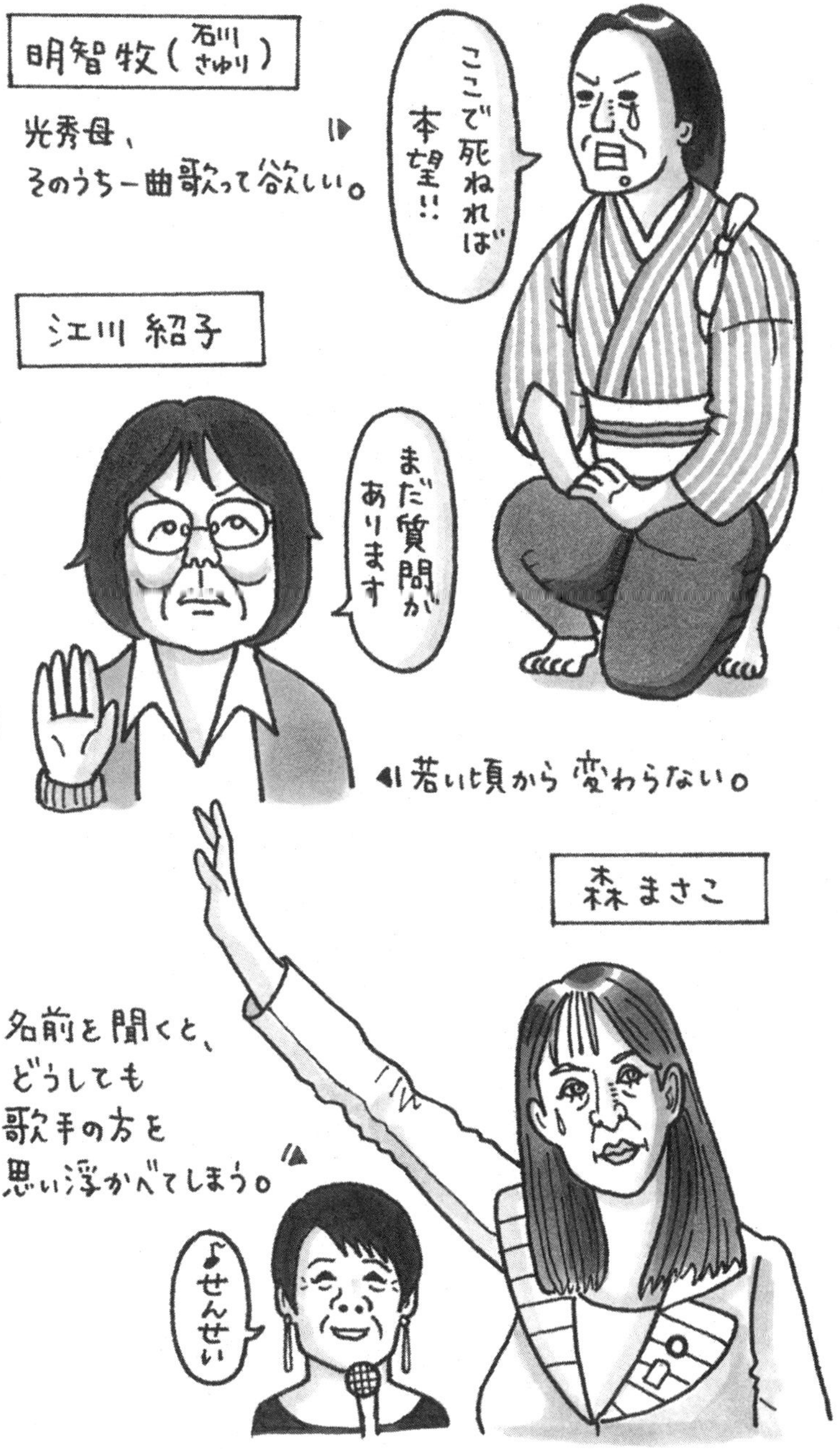
明智牧（石川さゆり）
光秀母、
そのうち一曲歌って欲しい。
ここで死ねれば本望!!
江川紹子
まだ質問があります
若い頃から変わらない。
森まさこ
名前を聞くと、
どうしても
歌手の方を
思い浮かべてしまう。
♪せんせい

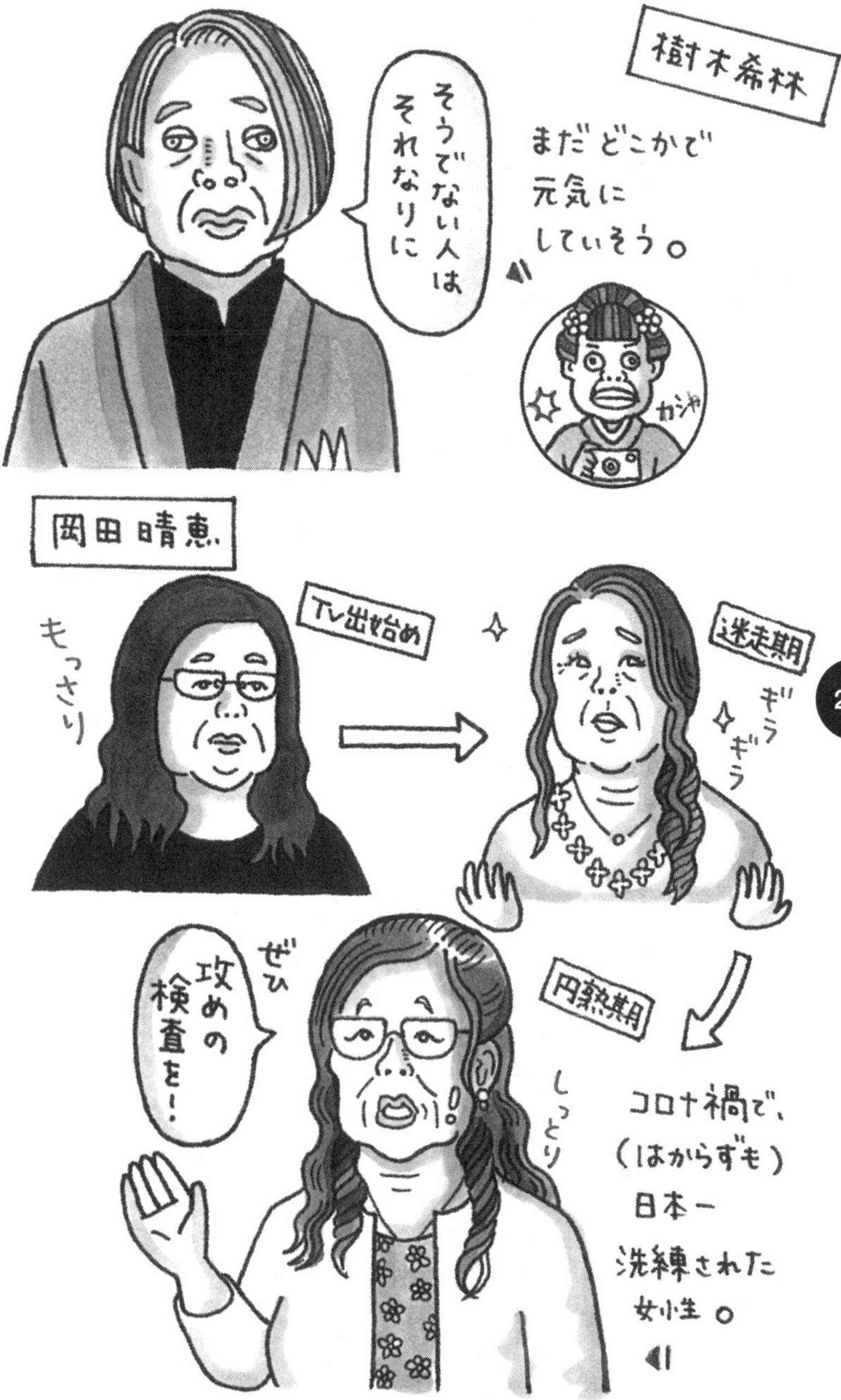
樹木希林
そうでない人は
それなりに
まだどこかで
元気に
していそう。
カシャ
岡田晴恵
もっさり
TV出始め
迷走期
ギラ
ギラ
円熟期
ぜひ
攻めの
検査を!
しっとり
コロナ禍で、
(はからずも)
日本一
洗練された
女性。

阿佐ヶ谷姉妹
「上品な
おばさんの
芸人コンビ」って、
今までに
居なかった！
平野レミ
ご主人、
偉大でした…。
DO!
安達祐実
LOLIBBA
見るたびに
「お母さん元気かな」
と思う…。

岡江久美子
はなまる
美人で明るくて、元気いっぱいのイメージのまま。
中瀬ゆかり
Netflixでハマっているのは、『愛の不時着』
意外と普通っすね。
田村智子
名簿はあります
…でしょうね。
ひとみ婆さん（志村けん）
ひとみ婆さんのコントがもう見られないなんて。
あー!?

橋田壽賀子

「私の履歴書」（2019年5月）、
最高でした。

小泉今日子

今、幸せなのかしら…。

メラニア・トランプ（右）
イヴァンカ・トランプ（左）

二人並ぶと
プロレスラーのよう。
ぜひ
デビューして欲しい。
セコンドは
親父で。

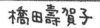

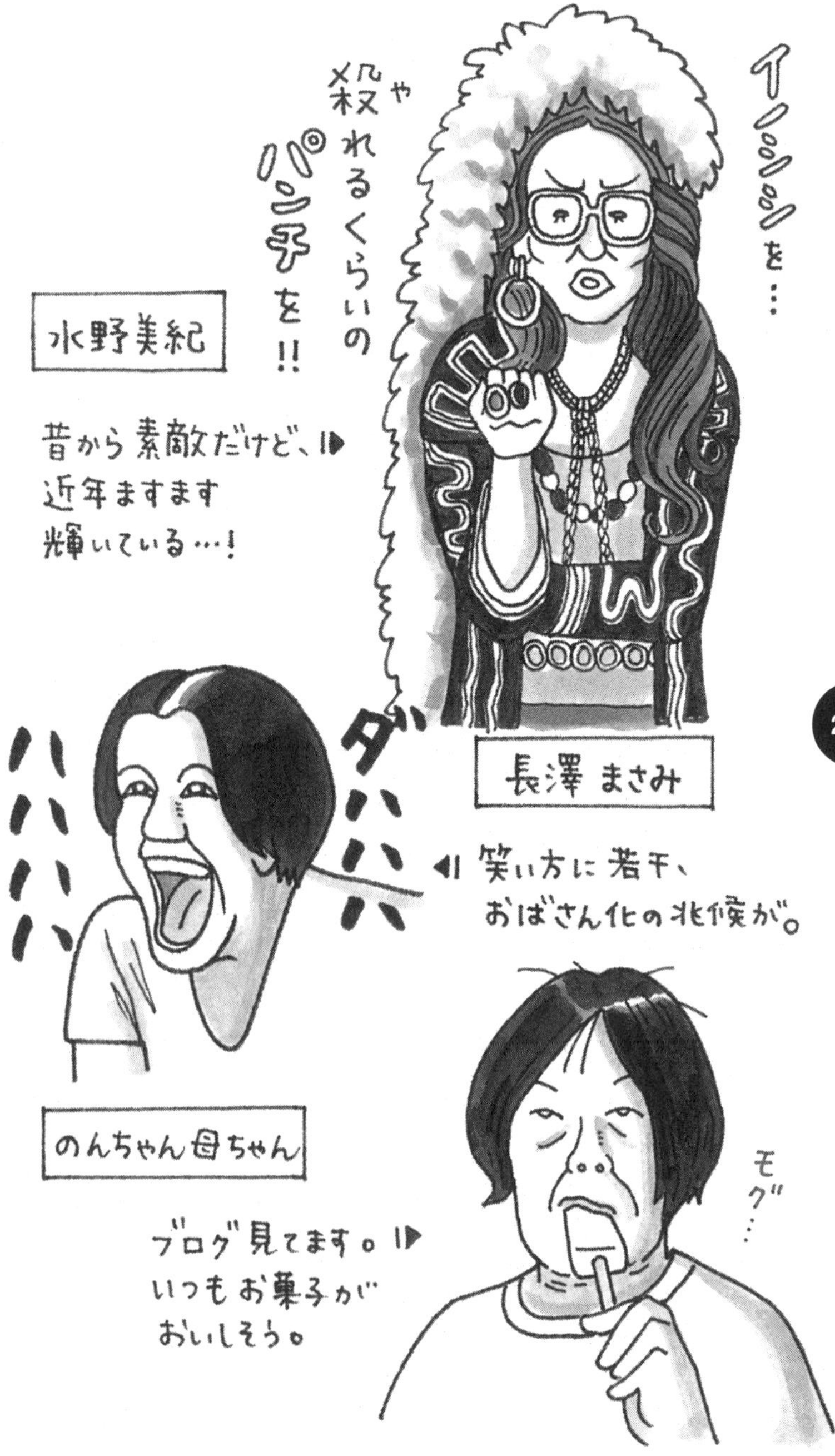

イノシシを…
殺《や》れるくらいのパンチを!!
水野美紀
昔から素敵だけど、近年ますます輝いている…!
長澤まさみ
ダハハハ
ハハハハ
笑い方に若干、おばさん化の兆候が。
のんちゃん母ちゃん
ブログ見てます。いつもお菓子がおいしそう。
モグ…

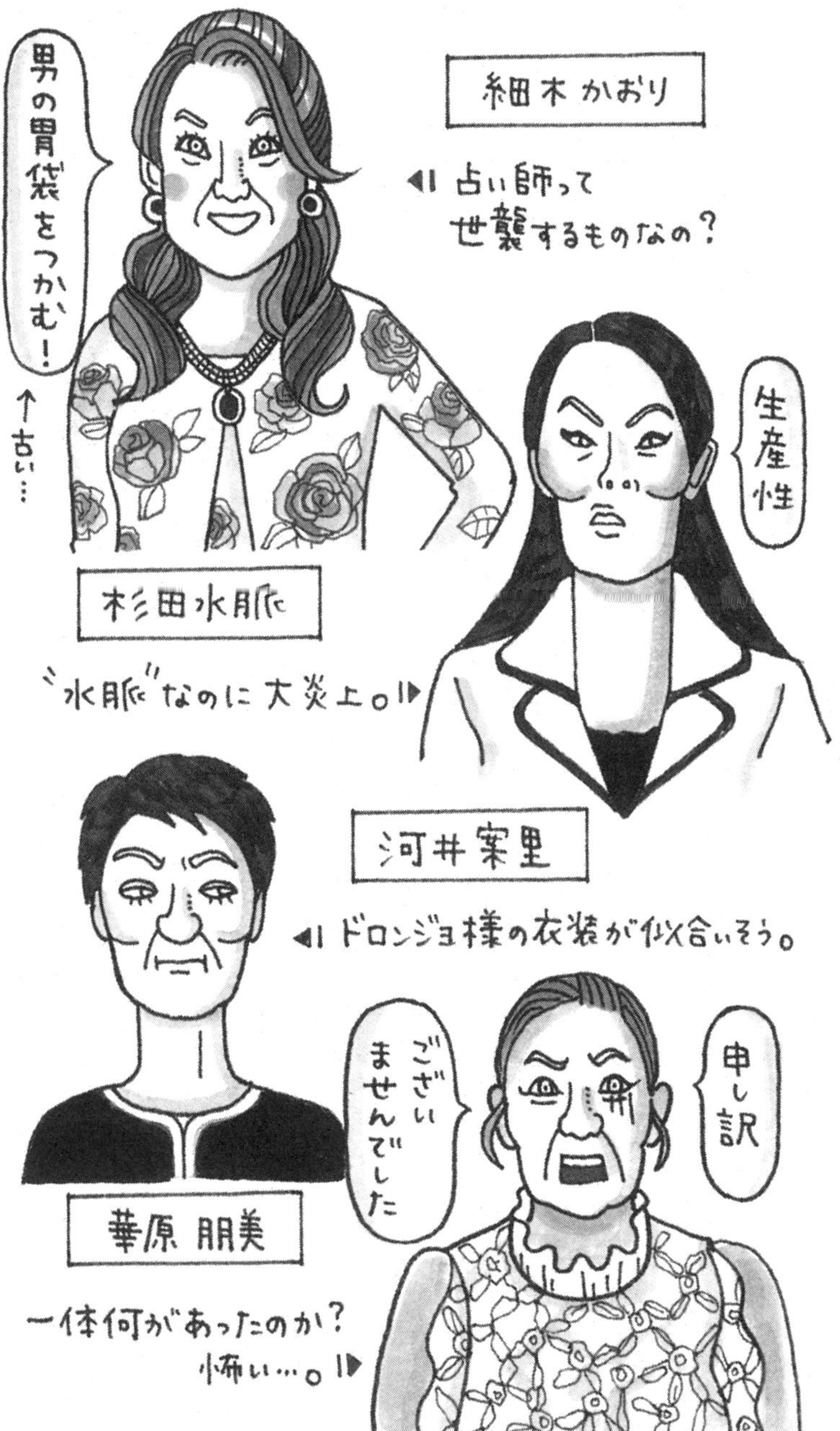
細木かおり
占い師って世襲するものなの？
男の胃袋をつかむ！
↑古い…
杉田水脈
"水脈"なのに大炎上。
生産性
河井案里
ドロンジョ様の衣装が似合いそう。
華原朋美
一体何があったのか？怖い…。
申し訳ございませんでした

バービー
エッセイの文章が深い。まだ若いけど…。
YES
山田美保子
やたらと事情通。
ジャニーズファン歴50年♡
宮崎美子
40年ぶりのビキニ姿、キレイでした。
よしよし
美奈子
結婚3回。8児の母。36歳で孫が誕生。壮絶な人生…
おばあちゃんです
SATISFY

オマケ●おばさんあるある

おばさん あるある ①

つい かけ声が出る。

電話で声が高くなる。

電車で横入りする。

財布に鈴が付いている。

テレビと会話する。

固有名詞が出てこない。

おばさん あるある ②

未だにガラケー。

意図せず無言電話をかける。

よく小指が立つ。

おめかしする時はブローチ。

狭い道で広がる。

ウワサ好き。

おばさん あるある ③

めっちゃ布団叩く。

部屋着は娘のお古。

お尻で冷蔵庫を閉める。

料理は目分量。

何でも取っておく。

鼻歌は昭和の名曲。

おばさん あるある④

デリカシーがない。

見知らぬ赤ちゃんをあやす。

女優が老けると喜ぶ。

若い子の見分けがつかない。

ミニスカートは認めない。

電話が長い。

おばさん あるある ⑤

よその子も叱る。

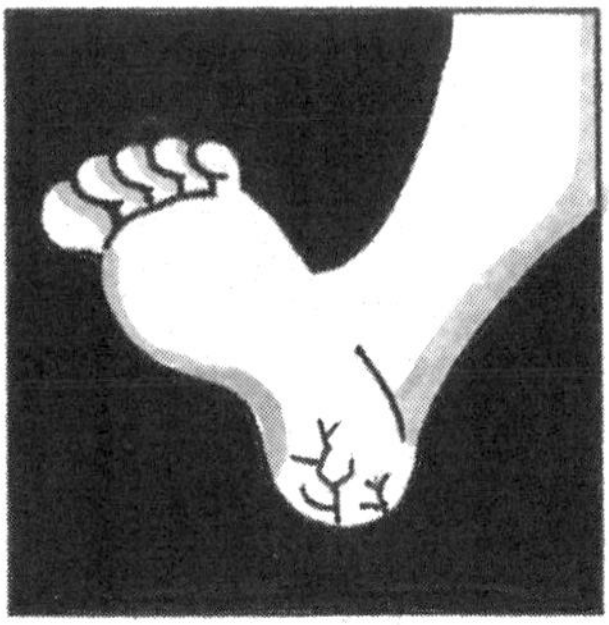

かかとがガチガチ。

気を抜くとヒゲが生える。

身ぶり手ぶりが大きい。

自信満々で間違える。

店員さんにタメ口。

おばさん あるある ⑥

「みんな」＝1～2人。

「この前」＝10年前。

レジでモタつく。

ATMで戸惑う。

涙もろい。

この腕、プルンプルン。

235

おばさん あるある ⑦

冬はババシャツを愛用。

サンバイザー
サングラス
マスク
アームカバー

夏はこんな感じ。

いつも少し湿布の香り。

いつも少しタンスの香り。

パンパン

一年中デカパン。

アメ食べる?.

すぐアメをくれる。

おばさん あるある ⑧

クシャミがうるさい。

言葉が古い。

常に荷物が多い。

指をなめる。

都合が悪くなると
すぐに「おばさん」。

「女子会」と言い張る。

あとがき

「おばさんについての本を書いてみませんか」

憧れの編集者、長廻さんに声を掛けていただいたのは、四年前の冬だった。イラストレーターとして自分の本を出すのは夢だったから、「ぜひ」とお答えしたものの、実は「おばさん」が分からない。当時私は35歳。

既にいい歳ではあったが、「でも、この前パーカー着て図書館に行ったら『そこの学生さん』って言われたし……」などと物事を自分の都合の良いように考え、「おばさんは自分とは無関係の存在」と信じ込んでいたからだ。だからおばさんイラストの制作作業も、なかなか筆が進まなかった。

しかし。そんな日々は、36歳で妊娠してあっけなく崩壊した。あっという間に10キロ以上太り、つわりに苦しみ、なんとか高齢出産を果たしたものの、そこからが大変だった。一晩中泣きわめく赤子に振り回され、ダイエットはおろか、髪に櫛を入れる暇さえない。そしてある日、寝不足のまま明け方に授乳を終え、鏡に映ったボロボロの己の姿を見てハッとしたのである。

「……どこのクソババアだよ！」

ショックを受けつつ、納得もしていた。「こんなこと毎日やっていたら、そりゃ老けるわ」「こうして女性はおばさんになってゆくのか」と同時に、「こんなこと」を何年も続けてきた世のおばさんたちの強さ・偉大さに打ちのめされ、「おばさんの絵を描きたい」と初めて強く思ったのであった。

そこからは育児の傍、いろいろな場所でおばさんを探してスケッチをする日々である。向かいのホーム。路地裏の窓。どんな所にもおばさんはいた。中には、怖いおばさんや不機嫌なおばさんもいたが、大体のおばさんは優しくおうようで、敬意は一層増していった。

そして、かつてはあれほど「おばさんになりたくない」と思っていた自分も今では、駅や公園で知らない人と話し込み、雨が降れば子供だけ濡れないように保護して（保育園を休まれると困るので……）、化粧の流れ落ちた顔で堂々と表を歩くという、中々の成長ぶりなのであった。きっと人はこうして初めておばさんになり、お婆さんになってゆくのでしょう。……ま、望むところです。

最後にバジリコ出版社の長廻健太郎さん、レイアウト、デザインを担当してくださった山口良二さんに深くお礼を申し上げます。そして最後まで読んでくださった皆様、ありがとうございました。

豊村真理（とよむら・まり）

1981年生まれ。「週刊TVガイド」編集部勤務を経てイラストレーターに。第27回・第30回読売広告大賞優秀賞受賞。普段は雑誌や書籍などにイラストを描いている。
https://newnonsens.exblog.jp

イラストレイテッド 日本のおばさん

2020年12月10日　初版第1刷発行

著者　**豊村真理**
発行人　**長廻健太郎**
発行所　**バジリコ株式会社**
〒162-0054
東京都新宿区河田町3-15 河田町ビル3階
電話：03-5363-5920　ファクス：03-5919-2442
取次・書店様用受付電話：048-987-1155
http://www.basilico.co.jp

印刷・製本　**中央精版印刷株式会社**

乱丁・落丁本はお取替えいたします。本書の無断複写複製（コピー）は、著作権法上の例外を除き、禁じられています。価格はカバーに表示してあります。

© TOYOMURA Mari, 2020　Printed in Japan
ISBN978-4-86238-246-7